KB153843

다른 한 쪽의 극단을 깨워라.

억눌리고 감춰졌던 극단이 빛으로 살아나면

무의미와 역설, 욕구와 상상, 우연과 무위가 춤춘다.

애니메이션과의 대화

상생상극, 그 역동적 균형의 기적

| 글·이정민 |

종이거울

만화 · 애니메이션은 역동적 균형의 축제다

1

이것은 애니메이션 전공 서적도 아니고, 그렇다고 아주 교양 서적도 아니다.
이것은 애니메이션 미학 책도 아니고 애니메이션 테크닉 북도 아니다.

이것은 대화다.
애니메이션과 애니메이션 아닌 것의 대화.
애니메이션과 종교, 철학, 예술, 문화, 과학, 기술, 공학과의 대화고,
애니메이션의 내용과 형식, 재료와 기법, 창작자와 감상자의 대화이며,
애니메이션이 담고 있는 넓은 스펙트럼, 대립된 극단 사이의 대화다.

어려서 나는 만화에 푹 빠져 살았다. 따라서 만화는 내 어릴 적 가치관 형성에 많은 영향을 미쳤다. 길창덕의 꺼벙이, 이상무의 독고탁, 이두호의 까목이, 이현세의 까치와 엄지, 허영만의 각시탈, 고행석의 구영탄, 이희재의 소시민들. 그 시절 만화는 특히, 역경을 딛고 일어서는 주인공에 대한 이야기가 많았던 걸로 기억한다. 그것들은 지금껏 내가 살아가는데 많은 도움이 되고 있다. 포기하지 않는 법을 배웠고, 호기심이 늘었으며, 어깨에 힘을 빼주고, 다른 한 쪽도 볼 수 있게 도와줬다.
　우리 집은 이사를 자주 다녔는데, 나는 이사를 갈 때마다 먼저, 주변 만

화방을 탐색하는 일부터 시작했다. 금기의 땅 만화방은 내게 삶의 활력이었다. 그런 만화와 함께 살겠다고 생각한 것도 어언 30년이 넘었고, 만화는 아니지만, 애니메이션이 일이 된 것도 20년이 되어간다.

중학시절 만화와 함께 살고 싶다는 것만큼이나 강렬했던 꿈은 언젠가 중국에서 한 번 살아보고 싶다는 거였다. 정확히 기억나지는 않지만, 아마 대륙, 큰 땅에 대한 동경이거나, 잘 알지도 못하면서 공맹이나 노장이 왠지 멋있어서 그랬던 것 같다. 그래서 막연하지만 중국어를 공부하기 시작했다.

비슷한 시기에 나는 마음에 대한 관심이 커졌다. 관심이라기보다는 궁금증인데, 머릿속을 가득 메우고 있는 생각의 찌꺼기들이 싫었었고, 내가 왜 이런 생각을 하는지에 대해서 점점 이해하기 힘들게 되었다. 그것을 풀지 않고는 아무것도 할 수 없는 지경까지 가버렸다. 그땐 만화도 중국도 그 다음 순이었다. 급기야 내 나이 스물에 원불교에 출가했다. 그러니까 출가한 지도 벌써 25년이 되었다.

아무튼 중학시절부터 내내 나를 끌어당긴 것은 만화, 중국어, 그리고 마음 쳐다보기였다. 다 학교에서는 가르쳐주지 않는 것들이고 오히려 금지하거나 회피하는 것들이었다. 지금은 만화에서 시작한 관심이 애니메이션, 게임, 온갖 멀티미디어로 확장되었고 중국어에서 시작한 관심은 영어, 일어, 스페인어로…… 일이 커지고 있다. 사실 감당은 안 되지만, 특별한 목표가 있다기보다는 재미있어서 하는 거라 별 문제는 없다. 이제 마음 쳐다보기는 내가 무엇을 좋아하고 싫어하는지, 내가 누군지를 알려주는 가장 중요한 일상이다.

그리고 시간이 흐르고 나이를 먹고 세상이 변해가면서 이것들 모두는 서로서로 도움이 되고 자극이 되는 관계가 되어가고 있다. 뭘 하더라도 내가 하고 싶어 하는 일들은 어떻게든 쿠션을 맞고 돌아와 관계를 맺는다는 생각이 들 정도다.

어수선하게 늘어놨지만, 지금 내게 가장 중요한 것은 내 안의 깊은 욕구와 욕망에 주목하고, 거기에 충실하게 사는 것이다. 언어는 타인의 삶을 볼 수 있는 기회를 주고, 마음보기는 일상 속의 균형을 도와주고, 애니메이션은 나와 내 생각을 표현할 수 있고, 그것을 확장 가능하게 해 주는 최적의 도구다. 나의 이런 모든 경험과 관심사를 애니메이션이라는 창을 통해서 바라보고 묶어보려고 한다. 조금 애매하고 복잡하지만 어차피 세상은 애매하고, 산다는 것은 애매함을 견디는 일이 아닐까 해서다. 이것은 나와 애니메이션과의 대화다.

2

상생상극. 서로 도와주고, 서로 극하다.

삶에서도 창작에서도 가장 중요한 전제는 다양성, 다시 말하면 극단까지 수용할 수 있는 스펙트럼이라고 생각한다.

만화, 애니메이션의 넓은 스펙트럼과 역동적 균형으로서의 창작과정은 상생상극의 원리와 가깝다.

상생과 상극이 모두 변화의 원리이고, 상생은 서로를 길러주지만, 상극이 오히려 생산적 힘을 갖는 삶의 절대적 필요성이라고 인정하고 느끼는 순간, 우리 삶에서 억눌리고, 감춰졌던 다른 한 극단이 빛으로 살아난다. 늘 한 방향으로 치닫던, 그래서 어찌할 수 없던 영역이 언제나 남아 있던 삶이 온전한 축복으로 태어난다.

즐거움이 괴로움을 보듬고, 의식이 무의식을 인정하고, 마음이 몸을 받아들이고, 확실함이 애매함을 긍정하고, 확신이 불안에 기대고, 선이 악을 이해하고, 의지가 욕망에 의지하고, 자아는 타자를 향해 열린다.

그래서 만화, 애니메이션은 대립된 극단 사이의 역동적 대화다.

만화, 애니메이션은 역동적 균형의 축제다.

3

콘텐츠가 콘텐츠의 영역을 벗어나 일상으로 파고들어오려 하는 이 변혁의 찰나에, 이런 멋진 기획을 주도하는 송암 스님께 존경과 감사의 마음을 드린다. 어설픈 길을 이상옥 님께서 자상하게 이끌어 주셨고, 예쁜 책을 만들어 주셨다. 이미 좋은 말벗이고 때로 자극인 주연, 승연, 도연과 아이들의 든든한 품, 지인 님도 큰 힘이 되었다.

여기, 질문자는 '맘짱' 이시고 답변자는 필자이다. 큰제목 54항 질문에 답변을 더하니 108의 큰 주고받음이 되어 결국 '애니메이션' 의 개론 아닌 개론이 되었다.

2011년 2월

이정민(도하)

차 례

01 만화 · 애니메이션의 매력

만화 · 애니메이션에 어떤 매력이 있나요?

당연한 것에 진지하게 질문을 던지면 철학입니다.

당연한 것에 진지하게 태클을 걸면 만화가 되고, 개그가 됩니다.

철학자와 만화가와 개그맨은 일상에서 그냥 지나치기 쉬운 당연한 것들을 그냥 두지 않습니다.

　조석의 〈마음의 소리〉는 그 집요함에 있어서 웬만한 철학자에게도 뒤지지 않는 일상에 대한 밀착과 세심한 관찰을 보여줍니다. 파고드는 집요함의 정도는 비슷하지만, 철학은 논리를 쌓아가고 만화는 논리를 무너뜨려 갑니다. 〈마음의 소리〉는 누구에게나 있는 찌질함을 인정하면서 오히려 극단의 찌질함으로 승부합니다.

　만화는 글과 그림이 만나지 않고는 불가능한 지점에서 글과 그림이 서로 밀고 당기면서 상식보다는 상상을, 논리보다는 비논리와 역설을 즐기는 중독성 강한 축제라고 할까요.

애니메이션은 만화보다는 전체적으로 조금 가볍다고 볼 수 있죠. 귀여운 파란 해달 〈보노보노〉는 쉽게 풀리지 않을 철학적 질문들을 쉽게도 던집니다.

'왜 다들 집에서 사는 걸까…….'

아이들이 보는 애니메이션의 전형인데도, 보노보노는 어른들에게도 또 다른 재미를 줍니다. 아이와 어른이 같은 애니메이션을 보면서 전혀 다른 세계를 받아들이게 되는 것도 애니메이션의 매력일 수 있지요.

이해력이 부족하고 굼떠서 더 순진해 보이는 보노보노와 성질 급하고 거칠지만 속정 많은 너부리, 깐죽거리는 포로리가 만나서 아무것도 아닌 것들을 아무렇지도 않게 주고받는 이야기.

"너부리야, 난 왜 곤란해 하는 걸까."

"보노보노, 곤란해지고 싶지 않다는 생각을 해서 곤란한 거야. 살아 있는 한 절대 곤란한 거야. 곤란하지 않게 사는 방법 따윈 절대 없어. 보노보노야, 이 제 조금 진정하고 곤란해 할 수 있겠니? 집에 가자."

일상이 내가 감당할 수 있는 크기와 무게를 넘어서는 순간, 그것은 압박과 좌절로 다가올 수 있습니다. 애니메이션은 일상의 무게를 덜어주고, 동심을 살려내며, 예고도 없이 판타지의 세계를 넘나드는 롤러코스터입니다. 일상을 어떤 눈으로 바라보느냐가 삶을 어떻게 살게 할 것인지를 좌우한다면, 애니메이션이 가진 역할도 만만한 것이 아니겠죠?

예술, 종교, 철학, 과학이 삶의 문제들, 그 노곤함에 대해 진지하게 성찰하고 답을 구하려 애쓸 때 만화와 애니메이션은 특유의 익살로 깐죽거립니다. 그냥 받아들이자. 누군들 별 수 있겠냐. 사실 겪어 보면 별것도 아니다. 개그와 만화, 애니메이션에서는 권위가 놀림감이 되고 심각함이 일시에 무너집니다. 오히려 모든 기득권이 공격의 대상이 되기 일쑤입니다.

만화와 애니메이션은 때로 질펀하게[1] 때로 역동적으로 필연과 논리, 상식의 세계에서 우연과 역설, 상상의 세계로 통하는 문을 열어젖힙니다. 필연보다 우연을, 논리보다는 역설을, 상식보다 상상을 즐깁니다. 그래서 '만화·애니메이션'은 젊음의 세계입니다. 기대와 설렘이 멈추지 않는 세계, 뜻밖의 만남이 있는 생명과 활력의 땅입니다.

진지해서 더 웃기는 개그맨 유세윤, 만화가·애니메이터로 출세한 의사 데스카 오사무, 하버드를 나와 깐깐하게 무소유를 실천한 소로우, 국회의원에 출마한 포르노 스타, 철학하는 해달 보노보노, 가부좌를 틀고 만화삼매경에 빠진 스님……. 다들 뜻밖의 만남입니다.

'뜻밖의 만남'은 매력적입니다.

모든 것이 빈틈없이 계획되고 계획된 대로 실천된다면 좋겠지만, 세상이 어디 그렇습니까. 대부분 그렇지 않습니다. 항상 변수는 시간과 장소를 불문하여 끼어들고 일은 어그러지기 직전까지 위협받고요. 결코 쉽지 않은 것이 이 세상을 사는 일이지만, 그러나 햇빛만 계속되면 결국 사막이 되어버린다고……. 아아, 모든 변수와 고난들이 결국 나를 지탱해주는 은혜로 느껴지고.

그게 바로 불경 〈보왕삼매론〉 같은 글을 보면서 무릎을 치는 이유겠죠. '몸에 병 없기를 바라지 말라.' '세상을 살아감에 곤란 없기를 바라지 말라.' '일을 계획함에 쉽게 이루기를 바라지 말라.' 황당하고 매우 비인간적으로 느껴질 수도 있겠지만, 곱씹어볼수록 맛이 우러나는 역설입니다. 고통과 즐거움이 결국 서로 떨어져 있는 게 아니라는 것을 알지 못하면 결국 고통에서 벗어날 수 없는 것처럼.

공자는 평생 바른 삶, 당위적인 삶을 살았다고 알려져 있습니다. 그런데 서른에 입지, 뜻을 세우고 마흔에 불혹, 미혹이 없어지고 쉰에 지천명, 하늘의 뜻을 알게 되고 예순에 이순, 듣는 귀가 순해지더니, 일흔에 난데없이 욕구, 욕망을 이야기 합니다. '하고 싶은 대로 해도 법도에 어그러지지 않았다[2]'니요.

그가 평생 좇아 추구해 온 것이 당위적인 학문의 길이 아니고 '내면의 욕구' 였단 말인가.

허를 찌르는 만화의 반전과 탈 논리는 이성이나 당위보다는 자연스러운 욕구에 단순 욕구를 넘어서는 근원적 욕망에 더 주목합니다. 스피노자가 '즐거움에의 의지' 라고 명명하고, 들뢰즈가 생산적 동력으로 긍정했던 '욕망' 의 힘에 만화 애니메이션은 뿌리를 내립니다.

노자는 '무위무불위' 를 말합니다. 그의 삶 전체가 역설이죠. 선택하지 않고 수용하는 삶이 전체를 사는 삶이라고 합니다. 노자는 무위, 공자는 당위라고 생각하기 쉽지만, 공자 역시 결국 무위를 평생 간직했던 것 아닌가 싶기도 합니다.

다른 한편으로 노자는 만물에 내재한 본질로서의 일자─者를 긍정함으로써 그의 사상이 억압의 논리로 이용될 수 있는 길을 남겨두었습니다. 장자는 노자를 계승했다고 하지만 타자를 긍정하고 타자의 역할을 적극적으로 끌어들이면서 삶의 역동적 측면을 강조했다는 측면에서는 노자와는 다른 길을 걸을 수 있었습니다.

대웅전에 멀쩡히 앉아있던 목불木佛을 끌어내어 도끼로 쪼개, 자기가 자는 방 아궁이에 집어넣은 스님,[3] 부처를 만나면 부처를 죽이고 조사를 만나면 조사를 죽이겠다고 한 터프가이[4]가 어떻게 부처님을 가장 잘 이해했다는 평가를 받을까요.

흰색이 있어야 검은 색이 드러나고, 고통이 있어야 즐거움이 더욱 배가 됩니다.

좋은 집이란 조금은 불편하고 외풍도 좀 있어서 사람이 많이 움직일 수 있게 하는 집이라고 합니다.

다양성과 역설이 끼어들 틈이 개인이나 사회를 건강하게 하는 거죠.

네덜란드는 성性이나 마약 같은, 인류가 가장 터부시하는 문화가 인정되는 곳입니다. 그러나 단순히 개방하기만 했다면, 개인이나 사회가 그 끝없는 욕망을 감당할 수 없을지도 모릅니다. 그래서 마약의 정도를 등급으로 나눠놓고 자기 등급보다 한 단계 낮은 마약만을 구입할 수 있게 한다고 합니다. 절제를 위한 최소한의 장치를 마련해 두는 거죠. 성에 대해서도 개방적이고 공개적인 만큼 문제되는 점도 없지는 않겠지만, 적어도 성에 대한 왜곡이나 지나친 환상, 무지에서 오는 불행은 덜할 것이라는 것은 짐작할 수 있습니다.

'인정하지만, 지나치지 않게' 라는 메시지를 실천할 수 있는 시스템은 매력적이지 않나요?

네덜란드 같은 공존과 긍정의 땅에서, 이방인 데카르트는 사유하는 이성적 주체로서의 '코기토' 를 끌어냈고, 스피노자도 즐겁고자 하는 의지로서의 '코나투스' 를 외칠 수 있었습니다. 스피노자의 코나투스는 불변의 실체가 아니라 타자와 우발적으로 마주치면서 '증가 – 감소' 하는 역동적 힘이었죠.[5]

만화 애니메이션도 뜻밖의 만남, 의외성, 역설적인 삶의 태도가 자연스럽게 수용되는 편안한 공존의 세계입니다. 세상을 온통 의미와 당위로 채워야 직성이 풀리는 빡빡한 현대사회에 '만화 · 애니메이션' 은 무의미와 욕구, 역설과 의외의 뜻밖에 만남을 선물하면서 우리를 무장해제 시킵니다.

요즘 세상 돌아가는 것을 보면, '어울린다' 는 말이나 '상식적' · '합리적' · '윤리' · '도덕' · '순수' 같은 말들이 오히려 더 오염되었다는 생각이 듭니다. 이런 말을 자주 들먹이는 사람일수록 이런 말들과 거리를 두고 살면서 뭔가 다른 의도를 뿜어내는 경우가 많습니다.

'청렴결백한 정치인'이라는 간단하고 상식적이고 당위적인 조합이 가장 비상식적이고 진실과 멀게 느껴지는 것이 요즘 세상이 갖는 역설입니다.

그렇네요. 하지만 '만화·애니메이션'이 늘 무위와 우연, 비논리와 상상의 세계에서 머무는 것은 아니지요?

그렇습니다. 특히 만화는 다른 측면에서 강력한 정보 전달, 효과적 교육 계몽의 수단이기도 합니다. 지금은 학습만화의 전성시대라고 불러도 좋을 만큼 이 다른 한쪽 영역이 커져 있기도 하고요. 교육의 영역에서 만화 애니메이션의 활용도가 급증하고 있습니다. 지방자치단체의 교육담당 기관에서 '게임'의 교육적 기능을 역설하면서 게임을 교육의 도구로 활용하는 사례도 생기고 있습니다.

애니메이션에 인터렉티브라는 요소가 가미되면, 활용 영역이 확장됩니다. 확장된다는 것이, 그저 콘텐츠의 영역에서 유사한 콘텐츠들끼리의 이합집산 정도가 아니라, 콘텐츠의 영역을 벗어날 정도로 확장되고 있습니다. 가까운 미래에, 만화나 애니메이션은 지금과는 전혀 다른 형태와 기능으로 일상에서, 또 비일상에서 대중들과 함께 하리라고 봅니다.

방금 질문하신 것처럼 '만화·애니메이션'이 어떤 극단의 폭을 가지고 있는지, 그 극단들 사이에서 어떻게 균형을 만들어가며 살아가는데 숨통을 만들어주는지 생각해 보죠.

[주]

1) 漫畫, 질펀할 만 그림 화

2) "吾 十有五而 志于學 三十而 立 四十而 不惑 五十而 知天命 六十而 耳順 七十而 從心所欲 不踰矩." 『논어』〈위정편爲政篇〉

3) 단하목불. 단하 선사가 낙양 혜림사에 머물고 있을 때 날씨가 추워 법당의 목불을 가져다 불을 때버린 바람에 원주가 나무라자, "부처를 태워 사리를 얻으려 했다." 다시 원주가 "목불에 무슨 사리가 있는가?" 하자 "사리가 없는 부처라면 불을 땠다 해도 나무랄 일인가?" 했다는 이야기.

4) 임제 선사의 살불살조殺佛殺祖.

5) 강신주, 『철학 vs 철학』, 그린비, 2010.

02 이 시대가 애니메이션에 더 관심을 갖는 이유

왠지 이 시대가 이전보다 더 만화, 애니메이션에 주목하는 것 같습니다. 복잡한 현대사회에 왜 만화, 애니메이션인가요? 만화, 애니메이션이 돈이 된다는 인식 외에 시대적으로 논의할 만한 어떤 꺼리가 있나요?

"만화·애니메이션은 애들이나 보는 거야."

"만화는 무조건 웃겨야지. 웃기지 않으면 만화가 아니야."

"애니메이션은 상상을 제한해. 상상력을 키워주고 싶다면, 만화나 애니메이션을 보게 하지 마."

　요즘도 흔히 들을 수 있는 만화, 애니메이션에 대한 생각들입니다.

　사실 이 정도 편견은 예전에 비하면 애교 수준이라고 볼 수도 있어요.

　불과 십 몇 년 전만 해도 만화나 애니메이션은 청소년의 정서에 좋지 않은 영향을 미치는 주범이었죠. 해마다 어린이날에는 이런 저런 단체에서 만화책과 애니메이션 비디오들을 쌓아놓고 화형식을 벌이는 현대판 마녀 사냥이 벌어졌습니다.

아 – 만화책과 비디오가 불태워지는 장면을 TV에서 가끔 보았던 기억이 나네요. 그래도 요즘은 그런 일은 없죠?

1990년에 처음으로 국내 대학에 만화과가 개설된 이래 20년간 150여 개의 만화, 애니메이션 관련 대학이 생겨버린 상황에서, 말씀한 대로 '만화·애니메이션'이 돈이 되고, 나라 경제에도 효자노릇을 한다는 인식이 확산되면서 대접이 좀 달라지기는 했죠.

어쨌든, 열악한 환경 속에서도 오늘의 한국 만화, 한국 애니메이션을 개척한 보물 같은 작가들로 하여금 항상 뭔가 아이들에게 떳떳하지 못한 일을 한다는 생각을 가지게 한 것이 그리 오래 되지 않은 현실이었던 겁니다. 1995년 문화체육부에서 〈제1회 서울국제만화·애니메이션페스티벌(SICAF)〉을 개최할 때 문화체육부 차관이 축사에서 학부모들에게 엄청난 항의에 시달렸다고 고백했죠. 아이들 만화 못 보게 단단히 가르쳐놨는데 나라에서 만화 행사를 하는 게 말이 되느냐고요.

출판되는 네 권의 책 중 한 권이 만화라는 일본은 어떤가요. 다른 나라에서는 만화나 애니메이션이 제대로 평가를 받고 있나요?

비슷한 시기에 만화를 시작했고, 지금도 세계 만화를 대표하는 두 나라가 있습니다. 일본과 프랑스죠.

일본 만화의 대부 데스카 오사무Tezuka Osamu는 〈아톰Astroboy〉을 만들어서 전후 일본의 젊은이들에게 로봇, 미래기술에 대한 친근한 이미지를 만들었고 그것이 지금의 로봇 왕국, 과학기술 입국으로 가는 데 결정적인 역할을 했다고 평가 받을 정도입니다.

프랑스에서는 한술 더 떠서 '만화가 원심운동을 하면 철학이 그것을 중심으로 추스린다' [6]라는 표현이 있습니다. 만화의 힘과 상상력, 만화가의 지식인으로서의 가치를 인정한다는 거죠. 프랑스에서는 만화를 제9의 예술이라고 부릅니다. 예술의 다양한 요소들이 결합되어 형식적으로 복잡성과 완결성을 가지고 있다는 말이겠지요. 그러면서도 아직 '규정되지 않은 예술'이라고도 합니다. 프랑스에서 조차 만화는 아직 제대로 대접받지 못하고 있기도 하고 그 실체와 가능성이 완전히 드러나지 않은 겁니다.

독일의 괴테Goethe는 1800년대 중반에, 로돌페 퇴퍼Rodolphe Töpffer가 만든, 글과 그림이 결합된 최초의 만화 형식을 보고, 그 형식적 탁월성에 대해 높은 기대감을 나타내기도 했습니다. [7] "만일 그가 덜 경박한 주제를 선택하고 좀 자제했더라면 모든 개념을 초월한 것을 만들어냈을 텐데……"라고요.

상상이 현실로 바뀌는 시간이 점점 단축되고 있습니다. '만화·애니메이션'의 공간과 시간에서 우리는 가벼운 몸과 멀리 많이 내다볼 수 있는 큰 키를 얻습니다. 마음을 필터링 없이 가장 직설적이고 노골적으로 묘사할 수 있는 것도 '만화·애니메이션'입니다. 묶인 상상의 나래를 풀고, 편견과 왜곡 없이 우리 자신과 사회를 볼 수 있는 또 다른 눈을 '만화·애니메이션'은 요구합니다.

만화·애니메이션이 주목받고 있거나 주목할 만한 이유는 단지 산업적 가능성 때문만은 아닙니다.

좀 더 중요한 것은 과학, 예술, 종교, 철학이 유사한 고민을 나누는 이 변혁의 시기에 만화, 애니메이션에 주어져 있는 역할이 있기 때문입니다.

[주]
6) 성완경, 「세계만화탐사」, 생각의 나무, 2001.
7) 성완경, 「세계만화탐사」, 생각의 나무, 2001.

03 만화와 애니메이션이 공유하는
특성과 차이

만화에 대한 괴테의 생각이 재미있군요. 만약 그 시절에 애니메이션이 있었다면 어떻게 반응했을지 궁금합니다. 그런데 만화, 애니메이션은 어떤 특성을 공유하고 있는 건가요? 만화는 책으로, 애니메이션은 영상으로, 서로 전혀 다른 형식과 특성을 가지고 있다는 생각도 듭니다.

맞습니다. 애니메이션은 오히려 영화와의 관련 속에서 보는 경우가 많죠. '만화·애니메이션'과 영화의 관계는 다시 말씀드리기로 하겠지만, 만화는 보통 출판을 통해서, 애니메이션은 영상의 형태로 대중을 만나게 됩니다. 이런 특징만 놓고 보면 만화와 애니메이션의 관계가 그다지 밀접하지 않다고 볼 수도 있지요.

  그러나 만화와 애니메이션은 여러 측면에서 같은 토양을 공유하고 있습니다. 예를 들면 발상의 자유로움이라든지, 표현의 방식도 유사한 측면이 많죠.

무엇보다 중요한 것은 만화, 애니메이션이 공통적으로 '비실사적' 이미지와 움직임이라는 형식적 특성을 공유한다는 것이라고 봅니다.

비실사적 이미지라는 것은 실제와는 다르게 만들어진 이미지라는 뜻이고, 비실사적 움직임이란 소위 일상의 라이브 액션과는 다른 '의도된' 움직임을 형식적으로 가지고 있다는 것입니다. 실사가 사진이라면 비실사는 그림입니다. 물론 모든 만화, 애니메이션이 그림에서 출발하는 것은 아니죠. 그렇지만, 사진 이미지를 쓰는 '만화·애니메이션'의 경우에도 그 어딘가에 그림이 가진 특성이 드러납니다. 연출에서든, 움직임에서든, 대사에서든…….

이것은 어찌 보면 사물을 보는 눈과도 관련이 있습니다. 우리가 일상생활에서 볼 수 있는 것은 단지 모두 구분지어져 서로 연관성을 찾기 어려운, 파편화된 사물들뿐입니다. 일상을 단지 드러난 그대로만 볼 것인지, 드러나지는 않지만 그 이면에 존재하는 본질[8]이나 사물들 사이의 관계를 함께 볼 것인지의 문제죠.

다르게 표현하자면, 객관적으로 보여지는 것을 그대로 받아들일 것인가, 나에게 주관적으로 받아들여지는 것을 볼 것인가의 차이랄 수도 있겠습니다. 영화나 드라마 같은 주변 영역에서도 주관적인 감정이나 생각을 표현할 때 만화나 애니메이션의 기법을 사용하기도 합니다.

만화를 다른 시각에서 '보이지 않는 예술[9]'이라고도 합니다. 이것은 만

죠르쥬 슈비츠게벨 〈JEU〉

에드몽 보두앵 〈여행〉

프레데릭 백 〈나무를 심은 사람〉

화가, 마음과 같이 보이지 않는 세계를 표현하는데 가장 적절한 도구라는 것을 의미합니다. 만화와 자유로운 발상을 공유하는 애니메이션, 특히 2D 애니메이션 역시 존재의 실상, 주체와 대상의 관계, 시간의 흐름 같은 보이지 않는 측면을 드러내는데 상당한 노하우와 힘을 가지고 있습니다.

'만화 · 애니메이션'의 기본 요소인 '비실사적' 이미지와 움직임은 이것을 접하는 사람들에게 주제를 더욱 친근하게 접근할 수 있도록 도와주면서 현실과 환상을 넘나들고, 결국 쉽게 드러나지 않는 존재와 관계의 이면까지 드러내주는 역할을 하고 있습니다. 이것이 '만화 · 애니메이션'이 공유하는 가장 기본적이고 중요한 가치라고 봅니다.

이런 특성을 종합해서 만화를 비실사의 씨앗, 애니메이션을 비실사의 맹주라고 불러보면 어떨까요.

비실사적 특성이 존재의 본질을 표현하는데 오히려 유리하다는 것은 역설적이면서도 신선하네요. 어떤 사례들이 있을까요?

제가 좋아하는 스위스의 애니메이터 죠르쥬 슈비츠게벨Georges Schwizgebel의 〈JEU〉[10]를 보면, 화면은 끊임없이 역동적으로 흐르고, 대사도 없이, 시점은 춤을 추듯 옮겨 다닙니다. 자아와 타자가 구분되지 않는 것처럼, 화면 속의 남자는 여자로 변하더니, 다시 남자로 돌아가고 가끔 시간은 거꾸로 흐르고, 부드럽고도 격한 역동적 화면이 멈춰질 때 관객의 호흡은 그 안에서 더욱 큰 움직임과 변화를 경험합니다. 짧은 뮤직비디오 같은 작품 속에서 우리는 시간과 공간, 주체와 대상, 역동적으로 요동치는 존재의 실상을 만날 수 있죠.

마치 동양화 대가의 붓 솜씨를 연상시키는 프랑스의 만화가 에드몽 보두앵Edmond Baudouin의 그림에서는 자아의 경계가 해체되는 이미지들을 쉽게 볼 수 있습니다. 신체의 일부분이 경계를 트면서 자연 또는 타인의 일부와 만나 결합하는 거죠. 한계를 벗어나는 무아의 체험, 인간과 대자연의 일체감, 만화에서는 어렵지도 어색하지도 않습니다.

프레데릭 백Frédéric Back을 사람들은 자연의 예술가, 바람의 애니메이터라고도 부릅니다. 자연의 보이지 않는 요소들을 독특한 방법으로 구현하면서 마치 화면이 바람에 일렁이는 듯한 그만의 스타일을 만들었기 때문입니다. 그의 작품 속에서는 바람이 느껴지고 물이 흐르고 공기조차 살아 있는 듯, 꿈틀거리는 자연과 만날 수 있습니다. 그러나 그런 움직임조차 우리가 보는 일상의 것은 아닙니다. 바람을 느낄 수 있게 한 것은 프레데릭 백의 감성과 치열한 성실성, 그리고 애니메이션이라는 표현 기법이었죠.

2D 애니메이션은 독특한 이미지와 움직임을 활용해서 비실사적 이미지의 특성을 강화합니다. 이것이 2D 애니메이션의 강점이고, 3D 애니메이션이 기술적으로 아무리 발달해도 2D가 독특하게 생명력을 유지할 수 있는 힘이 됩니다.

3D 애니메이션 역시 단지 자동적으로 동화[11]를 생성한다든지, 자유로

운 카메라 워킹을 구현한다든지 하는 일반적인 강점 외에도 어떤 예술적 요소들도 가지지 못한 실시간 제어Realtime Control[12]라는 특성이 있습니다. 이런 요소들이 과거와 현재를 관통하면서 애니메이션이 끊임없이 새로운 문화, 새로운 기술과 결합하고 스스로를 진화할 수 있게 하는 애니메이션 자체의 내적 동력이랄 수 있겠지요. 실시간 제어야말로 3D가 가진 강점이고, 애니메이션의 확장성을 가능하게 하는 가장 중요한 특성이라고 봅니다.

나중에 좀 더 다루겠지만, 애니메이션은 대중에게 다가설 때는 상영이라는 형식을 통해 접근하게 됩니다만, 3D 애니메이션의 확장성은 단순한 상영의 영역을 뛰어넘고 있습니다. 상영을 기반으로 하되, 웹 3D 애니메이션은 전시로 확장하고, 리얼타임 애니메이션은 공연으로, AR, 증강현실과 연계되면, 전시-출판 영역으로 확장됩니다.

대중이 일방적이거나 단절된 체험에 머무르지 않고 오히려 창작의 영역에 기꺼이 동참하려는 상황에서 3D 애니메이션은 전시-출판-공연-상영을 넘나드는 복합 체험을 대중에게 제공하는 가장 빠른 소스가 될 것입니다.

[주]

8) 본질의 문제는 동서양을 막론하고 철학사의 가장 첨예한 논쟁의 이슈였습니다. 그런데, 주목해야 할 부분은 본질 자체에 대한 논쟁보다도 본질을 우리가 보는 현상, 우리가 살고 있는 삶의 외부에 설정하느

냐 내부에 설정하느냐의 문제라고 봅니다. '외부에 있는 절대화된 본질'은 자주, 독재와 제국의 논리에

채택되어서, 억압을 위한 도구로 사용되었기 때문입니다.

9) 스콧 맥클루드 · 김낙호 옮김, 「만화의 이해」, 비즈앤비즈, 2008.

10) 유튜브에서 볼 수 있습니다. http://www.youtube.com/watch?v=OnVx3lg34L0&feature=related

11) 키가 되는 원화들 사이 동작 애니메이션. 인비트윈이라고 하며, 2D에서는 일일이 그려서 만들고, 3D에

서는 자동생성됩니다.

12) 리얼타임 컨트롤. 감상자, 수용자의 액션에 직접적으로 리액션이 가능한 특성이라고 할 수 있습니다.

미리 캐릭터, 모션, 사운드, 이펙트 자료들을 만들어 놓고 수용자의 액션에 반응합니다.

04 균형의 예술이라는 의미와
만화·애니메이션의 위상

보이지 않는 예술로서의 만화와 2D 애니메이션, 실시간 제어로서의 3D 애니메이션, 모두 만화·애니메이션의 중요한 특성들이라고 생각됩니다. '만화는 글과 그림의 균형'이라는 말을 들은 적이 있어요. 이 역시 만화의 중요한 특성이겠지요.

'균형의 예술-만화'라는 표현은 만화가이자 만화이론가인 스콧 맥클루드 Scott Mccloud의 표현이지요.

만화는 위대한 균형의 예술입니다. 빼는 것, 더하는 것. 또한 시간과 공간이라는 뗄 수 없는 두 요소에서 균형을 잡아야 합니다. 그러나 보이는 것과 보이지 않는 것의 균형 중에서 가장 돋보이는 것은 그림과 글의 균형입니다. 그림과 글의 분열은 예술의 탄생 그 자체로부터 예고된 것으로, 5000년도 더 전부터 시작되어 세월이 흐를수록 틈이 점점 더 벌어져 마침내 모든 연결 고리를 잃어가다가 20세기의 대광란 속에서 재발견되었습니다![13]

만화를 균형의 예술이라고 본 것은 그의 탁월한 식견이라고 보여집니다. 만화 연출의 측면에서 빼기와 더하기 사이의 균형, 표현 방식으로서의 시간과 공간의 균형, 그리고 어휘, 문법으로서의 글과 그림의 균형을 두고 한 표현이었죠.

그런데, 이런 관점에서 보면 애니메이션은 그야말로 균형의 예술이라고 볼 수 있습니다. 그것도 대립 극단을 수용하는 너른 폭과 이 극단 사이의 역동적 균형이 필요한 예술이죠.

이 시대 문화현상의 가장 중요한 특성을 '융복합'이라고 한다면 이미 '만화·애니메이션'은 태생부터 이질적인 요소들 간 융복합의 산물인 셈이죠. 이 부분은 이 대화 전체를 통해서 가장 중요하게 다뤄져야 할 문제이기도 합니다.

차차 좀 더 자세히 말씀해 주시면 좋겠습니다. 이 시대가 보여주는 '만화·애니메이션'에 대한 관심이 한마디로 어느 정도인가요.

최근 중국에는 '만화·애니메이션' 관련 대학이 1,000개[14] 가까이 생겼다고 합니다. 그것도 거의 2000년 이후에 생긴 겁니다. 비단 우리 나라만의 열풍은 아닌 거죠. 중국 호북성의 성도 우한시에는 120개 정도의 대학이 있다고 하고, 이 중 40여 개의 대학에 '만화·애니메이션' 관련 학과가 있다고 합니다.

중국의 '만화 – 애니메이션 – 게임' 열풍은 교육 영역뿐 아니라 제작 영역에서도 놀랄 만큼 세차게 불어대고 있습니다.

2004년 5천분 이하이던 중국 애니메이션 생산량이 2010년 25만분 가량으로 늘었습니다. 불과 6~7년 사이에 50배 성장한 겁니다. 이런 속도라면 머지않아 중국에서 만드는 애니메이션 물량이 중국 이외의 전체 지역에서 만드는 분량보다 많아질 수도 있다고 봅니다. 아니면 이미 더 많아졌을 수도 있고요.

국내에는 1990년 이래 약 150개 가량의 '만화·애니메이션' 관련 학과가 생겼다고 합니다만, 지금은 약간 줄어든 것으로 알고 있습니다.

한편 요즘 우리 나라 초등학교, 중학교에서 재량교육이라는 이름의 수업은, '만화·애니메이션' 교육이 포함되어 있어서, 전교생이 '만화·애니메이션'을 일주일에 한 시간씩 배우는 학교가 200개가 넘는다고 하죠. 놀랄 만한 변화입니다. 어려서부터 만화를 보는 것 자체를 금지당한 세대들이 이 극심한 변화에 대해서 느끼는 감회는 특별할 수밖에 없죠.

'허허… 왜 이제야 이런 일이……' 이런 환경에서 사는 이 세대가 부럽기도 하고 지난 세월에 대해 거의 배신감에 가까운 허탈함을 느낄 만한 상황입니다.

재량교육이라는 이름으로 초등학교 수업시간에 만화를 읽고 서로 토론을 하고, 만화를 만들어 보는 경험은 생각만 해도 특별할 것 같습니다만, 사실은 재량교육 이전에도 개별 교과목에서 만화나 애니메이션을 사용하는 사례는 상당히 많았습니다.

재량교육은 각 학교에서 선택한다고 하는데, 우리 나라 재량교육에 '만화·애니메이션'이 강화되는 이유는 '창의성'의 증진이라는 과제를 만화, 애니메이션에서 찾으려 하는 시도라고 봅니다. 수용자 중심 시대로의 변화나 책보다는 만화나 애니메이션, 게임에 몰입하는 이미지-영상세대의 등장과도 무관하지 않고요. 적은 데이터로도 많은 정보를 제공할 수 있는 디지털 시대, 만화의 새로운 역할이라고도 생각됩니다.

'만화·애니메이션'은 창작과정에서도, 감상과정에서도 창의적인 다양한 요소들을 품고 있습니다. 그리고 '만화·애니메이션'은 창작자가 자신들의 자리에 권위를 만들려 하기 보다는 감상자를 창작의 마당으로 기꺼이 초대합니다. 만화, 애니메이션에는 왜 평론가가 적을까 하고 생각해 본 적이 있었는데, 절대적인 생산량이 적거나 하는 다른 이유일 수도 있지만 어떤 면에서는 만화, 애니메이션이 상대적으로 창작자와 감상자의 거리가 가깝기 때문이라고 볼 수도 있겠습니다. 이제는 좀 시들해진 것처럼 보입니다만, '조삼모사' 시리즈의 경우는 여타 장르에서 발견하기 어려운 만화적 특성이라고 할 수 있겠죠.

'애니메이션 테라피(애니메이션 치료)'라는 아직은 생소하고 독특한 영역을 개척하고 있는 분의 말을 들어보니까 미술치료는 이미 일반화되었지만 아이들이 다소 거부감을 갖는 반면에 만화, 애니메이션은 대부분의 아이들이 좋아한다는 것. 이것이 애니메이션 테라피의 가장 큰 가능성이라고 하더군요. '만화 · 애니메이션'의 어떤 부분이 세대를 이어가면서 아이들의 눈과 귀를 사로잡는 것인지에 대해서도 생각해 볼 만합니다. 이것 역시 '만화 · 애니메이션'이 초등학교, 중학교에서 활용될 수 있는 큰 가능성의 하나겠지요.

상식을 뒤엎는 상상과 역설, 보이지 않는 세계를 표현하는 비실사의 마력, 너른 폭과 균형을 요구하는 창의적 창작과정. 그리고 특히 전 세계의 아이들이 보내는 전폭적인 지지와 사랑. 이것들이 이 시대가 '만화 · 애니메이션'과 기꺼이 자리를 함께할 만한 가치들이라고 생각합니다.

[주].

13) 스콧 맥클루드 · 김낙호 옮김, 『만화의 이해』, 비즈앤비즈, 2008.

14) 만화 애니메이션 관련 대학이 700개가 생겼다는 사람도 있고 1,000개라는 사람도 있습니다. 전체 학생 수가 50만 명이라는 사람도 있고, 80만 명이라는 사람도 있습니다. 역시 스케일도 크고 오차도 크죠.

05 애니메이션의 정의

만화의 정의에 비하면 애니메이션은 막상 한마디로 정의 내리기는 쉽지 않네요. 애니메이션이라는 말 자체가 뭔가를 '살아나게 하다'는 의미가 있다지요?

'anima'는 '영혼·정신·생명'이고, 'animatus'는 '살아나게 한다. 생명을 불어 넣는다'는 뜻입니다. 애니메이션이라는 작업이 실제로 생명을 부여하는 과정이기도 하지요.

매력적인 어원이네요. 생명력을 불어넣는 작업, 어떤 식으로 생명을 불어넣는 건가요.

실제로 애니메이터만큼 전면적인 창조의 영역에서 작업하는 경우도 드물죠.

하나의 매력적인 캐릭터를 만들기 위해서 성격을 창조하고, 형태를 창조하고, 동작을 창조하고, 습관을 창조하고, 말투를 창조하고, 스타일을 창조하고, 주변 캐릭터와의 관계를 창조하고, 배경을 창조하고, 타이밍을 창조합니다. 그 어느 것 하나도 거저 주어지는 것이 없습니다. '시간 – 공간 – 인물 – 관계성', 나아가 비현실적 요소를 창조해서 현실에 적용하는 일까지. 모든 것이 아무것도 전제되지 않은 백지에서 출발해야 하고요.

그래서 대체로 애니메이션의 사전적 정의를 보면 '생명을 불어 넣는다' 라는 애니메이션의 특성이 반영되죠. 그렇지만 제 생각부터 먼저 말씀드리면 사전에서 규정한 애니메이션의 정의에는 아쉬움이 있습니다. 좀 옆길로 새는 느낌이 있지만 시대는 이미 기존의 사전이라는 포맷이 담을 수 있는 한계 이상의 역동성을 가지고 움직이고 있다는 생각이 듭니다. 사전 자체의 한계라고 할 수 있습니다.

그래서 위키피디아는 특별히 가치 있는 발상인 거겠죠. 그렇지만, 위키피디아의 아이디어 역시 시대의 변화나 관계 관점에서의 접근을 따라 잡기는 어렵다고 봅니다. 오히려 더 명확한 한계를 보여주기도 합니다. 단지 단어나 사물을 경계적으로 바라보는 관점에서 벗어나서 통합적 조망을 갖춘 사전이 나왔으면 좋겠다는 생각도 합니다.

브리태니커 사전에서는 애니메이션을 이렇게 정의하고 있습니다.

> 영화에 나오는 그림이나 무생물을 움직이거나 살아 있는 것처럼 보이게
> 하는 것.

첫마디부터 애니메이션을 영화의 일종으로 분류하고는, 이렇게 부연을
합니다.

> 움직이는 그림[動畵]은 진정한 의미의 영화보다 먼저 만들어졌다. 1830년
> 대 이래 '페나키스토스코프 · 조이트로프 · 프락시노스코프' 등의 시각장
> 치들이 '상像)의 지속'이라는 물리적 현상을 보이거나 이용하기 위해 고안
> 되었다. 이런 기구들은 오늘날의 만화영화에 견줄 수 있는 기술을 이용했
> 는데, 행동의 연속적 단계를 그린 그림이 아주 빠르게 제시되면서 움직이
> 는 듯한 환각을 만들어냈다.

진정한 의미의 영화가 뭔지는 설명되지 않은 채로, 움직이는 그림(아마도
애니메이션)이 진정한 의미의 영화보다 먼저 만들어졌다는 표현과 애니메이
션의 정의는 서로 잘 이어지지 않지요. 어쩌면 번역의 문제인지, 아니면 여
기저기서 짜깁기한 결과인지는 잘 모르겠습니다.

개인적으로는 대부분의 사전에 실려 있는 애니메이션에 대한 이런 식의
정의가 적절하다고 생각하지 않습니다. '영화에 나오는'이라는 표현도 그

렇지만 '그림이나 무생물'이라는 범주 구분도 애매하죠. 심지어 '움직이거나 살아 있는 것처럼 보이게 하는 것'이라는 표현도 주로 기법의 원리에 치우쳤을 뿐, 애니메이션의 특성이나 주변 영역과의 관계 등에 대해 제대로 설명해 주지 못하고 있다는 생각이 듭니다. 말씀하신 것처럼 애니메이터에게 창조의 절대자, 신의 영역에서 놀고 있는 자부심을 안겨주고, 중노동에 대한 자그만 위안을 선사할 수는 있겠지만요.

그렇다면 애니메이션은 어떻게 정의하면 좋을까요?

정의를 내린다는 게, 이렇게 빠르게 변화하는 시대에 사실 큰 의미는 없을지 모르겠습니다. 더구나 모든 영역들 사이에 넘나들기 어려운 경계선을 그어놓고 여기부터 저기까지가 애니메이션이라는 식으로 경계 영역을 도려낸다는 것 역시 거의 불가능하고요.

　좀 더 논의를 비약시키면, 이런 차원에서 소위 전통적인 형식의 기존 사전은 상당히 제한적으로밖에 활용될 수 없을 거고, 이 문제는 점점 심각해질 수 있다고 봅니다. '위키피디아'라는 새로운 발상의 사전이 유저들에 의한 무한 업그레이드를 표방하고는 있지만, 이 역시 근원적인 '경계-관계' 사유에 대한 발상의 전환이 없다면 또한 한계를 내포할 수밖에 없습니다.

　애니메이션에는 기존의 정의를 깨뜨리는 새로운 시도들이 지금 이 시간에도 일어나고 있습니다. 어쩌면 애니메이션을 기획하는 대부분의 감독이나 기획자들이 새로운 내용, 형식, 기법, 재료를 고민하고 있다고 봐야겠지요. 그리고 그런 시도들은 점점 더 용어와 용어 사이의 경계를 희미하게 만들 것이라고 봅니다.

그렇다 하더라도, 여전히 정의를 내려보려고 합니다. 여기서 내리는 정의는 종합적이고 결론적인 개념 규정이라기보다는 '출발' 의 의미이고, '선언' 의 의미입니다. 이런 입장을 가지고 이런 방향으로 고민을 시작하겠다는 것이지요.

좀 더 정확히 말하면 정의를 내린다기보다는 이 시대 애니메이션이 가진 성격을 규명하는 일이겠지요. 이 부분에 대해서 좀 더 다각도의 접근이 필요하다는 입장입니다.

그 출발이 관계적 관점입니다.

관계적 관점은 비교적 동양의 사유에 가깝습니다. 지금까지의 서양의 사유는 경계적 관점이 중심이었다고 보여집니다. 최근의 서양철학이나 과학에서 경계적 관점의 한계를 극복하려는 노력이 보여지기는 하지만요.

요약하면 경계적 관점은 주체와 대상을 분리하고, 대상과 대상을 분리해서 독자적으로 존재한다고 생각하는 관점이고, 관계적 관점이란 불교의 연기론이나 동양의 음양오행의 상생상극이 그렇듯이 서로서로의 관계로 인해 서로가 존재한다는, 그래서 상대적인 관계에 대한 인식 없이 주체도 대상도 제대로 파악할 수 없다는 생각입니다.

조금 더 관계적 관점에서, '내용 – 형식 – 기법 – 재료' 뿐 아니라 대중의 체험방식에서 출발해서 복합적으로 애니메이션을 조명해 보는 게 필요하다고 봅니다.

얼마 전에 〈기초매체워크샵〉이라는 수업에서 애니메이션, 영화, 멀티미디어, 방송, 영상이론 전공 학생들을 모아놓고 애니메이션에 대해서 강의를 한 뒤에 각자가 생각하는 애니메이션의 정의에 대해서 정리해 보게 했습니다. 상당히 재미있는 답변이 많아서 몇 가지만 소개해 볼까 합니다.

애니메이션이란 무엇인가.

- 심적 리얼리즘
- 말 없는 말, 현실 아닌 현실
- 내적 본질의 극대화
- 현실과 환상의 시소놀이
- 틀 없는 틀
- 꿈의 형상화
- 그 자식은 행복해야 돼(?)
- 자유로운 판타지
- 이미지와 현실의 괴리를 포착하여
  이야기로 구성
- 고도의 창의력+노동
- 흰 종이
- 아코디언
- 예민한 선
- 함께 보는 꿈
- 기억 불러내기
- 실제의 움직임이 아닌
  감정의 움직임
- 그림과자
- 판타지의 원형
- 신神되는 체험
- 또 다른 세계
- 자유로움을 찬양하라.
- 무한의 주인
- 제로베이스에서의 세계 창조
- 비광학적 재현

재미있네요. 개인적으로는 '함께 보는 꿈'이나 '감정의 움직임', '심적 리얼리즘'이라는 표현이 와 닿습니다.

그런가요.

결론이라기보다는 우선 논의의 시작으로 애니메이션은 '내용 – 형식 – 기법 – 재료 – 감상/수용'의 모든 면에서 '극단의 대립 가치를 수용하는 너른 폭과 이를 융합하는 역동적 균형의 예술'에서 시작해 보면 좋겠습니다.

중요한 것은, 극단의 대립 가치라는 것과 너른 폭, 그리고 역동적 균형입니다.

극단의 대립 가치라는 것은 너른 폭과 비슷한 의미이기도 하지만, 대립이라는 것 자체가 이미 상생상극의 원리에서 상극에 놓여있는, 그래서 오히려 뭔가 새로운 것을 창조할 가능성이 있는 무엇이라는 뜻이겠고, 너른 폭이라는 것은 그런 극단 사이에 다양성이 존재한다는 것입니다.

역동적 균형이란 안정적으로 중앙에 놓인다는 의미가 아니라, 시시각각으로 변화되는 대립 양상에 적응하고 타자와의 마주침이라는 우연성에 대응하는 생동감 있는 균형입니다.

오른쪽 그림은 애니메이션을 정의하기 위해 다섯 가지 영역에서 애니메이션의 스펙트럼을 늘어놓고 어떤 폭과 그 사이의 균형이 가능한지 살펴보기 위한 그림입니다.

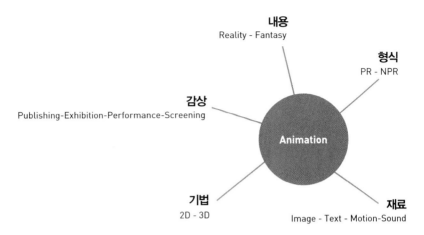

06 애니메이션의 내용 : 리얼리티와 판타지의 균형

애니메이션이 극단의 대립 가치를 수용하는 너른 폭과 이를 융합하는 역동적 균형의 예술이라 하셨는데, 좀 더 구체적으로 어떤 폭과 어떤 균형인지, 어떤 대립 가치인지 들려주시죠.

내용, 형식, 재료, 기법, 감상의 전반적인 측면에서, 애니메이션은 대립 가치와 너른 폭, 균형을 보여주고 있습니다. 이 점은 작품 내적인 영역뿐 아니라 기획-제작의 과정에서도, 주변 영역과의 컨버전스 과정에서도, 제작을 위한 인력 구성에서도 드러납니다. 차례로 어떤 대립 가치와 폭, 균형이 있는지 생각해 보겠습니다.

내용에 대해서 먼저 생각해 볼까요.
애니메이션에서 다루는 주제나 소재는 다른 영역에 비해 상당히 넓은 편입니다. 애니메이션이라고 하면 그저 '아이들이 보는 것', '웃기는 것'이라고 생각하거나 '극장이나 TV에서만 볼 수 있는 것'이라고 여기고 있다면 애니메이션의 거대한 스펙트럼을 발견하기 어렵습니다.

내용적으로 애니메이션은 우선, 리얼리티와 판타지의 너른 스펙트럼에 걸쳐 있습니다.

예를 들면 다큐메이션에 대해서 생각해 보죠. 많이 쓰이는 용어는 아니지만 들어보면 짐작할 수 있듯이 다큐멘터리와 애니메이션을 합성한 용어죠. 다큐멘터리를 애니메이션 스타일로 만든다는 것입니다.

아리폴먼Ari Folman 감독은 〈바시르와 왈츠를Waltz with Bashir〉에서 전쟁과 정치, 종교, 학살 등의 무거운 주제를 애니메이션 형식으로 다룹니다. 무겁고 진지하고 때로 난해할 수 있는 내용이지만, 왜 애니메이션적인 이미지를 활용했는지는 작품을 보다보면 이해할 수 있습니다. 실사 형식으로 다룰 수 있는 대부분의 장르에 애니메이션 기법이 활용되고 있죠.

내용면에서 애니메이션은 리얼리티와 판타지의 너른 영역에 골고루 분포되어 있습니다. 리얼리티의 끝에 서있는 작품들은 〈바시르와 왈츠를〉 외에도 최근 특히 많이 시도되고 있습니다.

다큐와 애니메이션 기법을 섞어 개인사와 중국 현대사를 보여준 왕쉬보의 〈천안문 광장의 태양〉, 마르잔 사트라피Marjane Satrapi 감독의 시각으로 유쾌하고 솔직하게 이란의 역사와 현실을 더듬는 〈페르세 폴리스 Persepolis〉 등이 있습니다.

아리풀먼 〈바시르와 왈츠를〉

마르잔 사트라피 〈페르세 폴리스〉

전통적으로 다큐멘터리 영역이 강한 중국에서 최근 다큐 형식이든 드라마 형식이든 관계 없이 리얼리티 애니메이션의 걸작들이 등장하고 있습니다. 2010년 신디영화제에서 본상 수상한 〈나를 찔러봐〉도 좋은 사례입니다.

그런가 하면 반대편의 대립 극단에, 좀 더 애니메이션의 원형에 가깝다고 볼 수도 있는 판타지 지향 애니메이션들, 역시 많죠.

먼저 소개하고 싶은 작가는 빌 플림턴Bill Plymton입니다.

대표작 〈가이드 독Guide Dog〉은 맹인 안내견인 주인공이 자기 직업을 잃지 않기 위해 주인을 과잉보호하다가 나비나 꽃을 보고도 짖어대는 연작 형식의 애니메이션입니다. 이 분 참 재미있어요. 작품은 기상천외한 상상력으로 가득한데, 막상 실제 일상은 범생이 스타일이랄까. 술 담배 거의 안 하고, 저녁 열 시만 되면 자러 들어가고, 새벽 대여섯 시에 일어나서 스토리보드를 그리는, 독특한 분입니다.

중국에서 빌 플림턴과 함께 애니메이션 심사를 할 때입니다. 중국 창저우에서 있던 페스티벌이었는데 주최 측에서 심사위원들을 데리고 쑤저우로 투어를 갔습니다. 가이드가 여기에서 몇 명이 죽었다 하며 설명을 하고 있는데 빌 플림턴이 묻는 것은 항상 한 가지였어요. '어떻게 죽었나? 찔러 죽였나, 쏴 죽였나, 잘라 죽였나, 빠트려 죽였나, 태워 죽였나……?'

그의 작품 중에 담배를 피우다 죽는 여러 가지 방법에 대해서 표현한 작품도 있는데, 관심사가 좀 고약한 편이죠. 그런가 하면 '오늘 새벽 여섯 시에 일어나서 그린 스토리보드'라고 하면서 프리 스케치를 보여주는 극단적인 범생이의 모습도 있는 재미있는 사람입니다. 어쩌면 빌의 작품뿐 아니라 그의 생활 안에서도 극단적인 판타지와 리얼리티가 공존하는지도 모르겠습니다.

빌 플림턴 얘기가 나왔으니 말인데, 그가 〈독립 애니메이터의 생존전략〉이라는 제목으로 강의를 할 때였습니다. 강의의 핵심은 독립 애니메이터로서 살아남기 위해서는 '싸고, 빠르게, 재미있게' 만들라는 것이었죠. 뭐 특별한 내용이랄 건 아니었습니다.

그런데 강의는 강의가 끝난 후에 본격적으로 시작되었습니다. 심사위원들이 함께 이동하려고 기다리고 있는데, 거기서 그는 한 사람 한 사람 감독 자신의 사인을 해 주면서 본인의 DVD를 팔고 있었습니다. 덕분에 한참을 기다리면서, 함께 심사에 참가한 히로시마 애니메이션 페스티벌의 집행위원장 사요꼬 기노시다상과 함께 "저게 진짜 강의네. 저게 저 사람의 생존전략이구만." 하면서 웃었습니다.

그의 작품 〈가이드 독〉이 만들어진 계기에 대해서 잠깐 들어봤는데, 이 역시 무릎을 치게 하는 대목이 있더군요.

어느 날 공원에서 산책을 하고 있는데, 개 한 마리가 하늘의 새를 보고 짖고 있더라는 겁니다. 뭐 별다를 것 없는 이 상황을 두고 빌은 특유의 상상력을 발동시킵니다. 저 개가 새를 보고 짖는 것은 어떤 이유가 있을 것이다. 왜 짖을까 하다가 '맹인견이 직업병이 발동해서 새에게도, 나비에게도,

빌 플림턴 〈가이드 독〉　　　　　마이클 두덕 드 비트 〈아버지와 딸〉

꽃에게도 짖게 된다.' 라고 풀면서 빌 플림턴 최고의 성공작 〈가이드 독〉은 탄생한 것이죠. '소재는 현실에서 구하고 표현 방법은 극단의 판타지를 지향한다' 는 전략입니다.

깐느 영화제 최초로 애니메이션으로 특별상을 받았다는, 르네랄루Rene Lalpux 감독의 73년도 작 〈판타스틱 플래닛The Savage Planet〉도 상상력의 극치를 보여주는 판타스틱 애니메이션의 대표라 볼 수 있겠죠.

애니메이션은 자연스럽게 리얼리티와 판타지를 넘나듭니다. 리얼리티와 판타지의 극단에서 애니메이션의 영역을 확장하고 있는 시도들도 있지만, 대부분의 애니메이션은 리얼리티와 판타지를 섞는 배합의 비율과 방식이 작품의 내용적 성격을 결정짓는 중요한 요소가 됩니다.

예를 들면 마이클 두덕 드 비트Michael Dudok de Wit의 〈아버지와 딸 Father and Daughter〉, 〈수도승과 물고기The Monk and the Fish〉는 감독에게 최고의 영예를 안겨준 독립 애니메이션의 대표적 작품들입니다. 말하자면 애니메이션의 그랜드슬램을 이뤄냈죠.

이 두 작품을 보면, 마이클 두덕 드 비트 작품 속에서의 리얼리티와 판타지를 넘나드는 일종의 패턴을 읽을 수도 있습니다. 〈아버지와 딸〉에서는 떠나간 아버지를 그리워하는 소녀가 일생을 통해 자전거를 타고 강둑을 찾는다는 이야기인데, 수묵화를 연상시키는 아트워크에 각양 각색의 자전거와 천천히 돌아가는 자전거의 바퀴, 자전거 타기를 즐기는 네덜란드 사람들의 일상이 만들어내는 낭만적 조형이 어우러져 있죠. 마지막 장면에서 할머니가 된 소녀가 아버지를 만나게 되는 장면은 전편을 통해 축적된 잔잔한 리얼리티가 폭발적으로 판타지에 의해 상승되는 듯한 감동을 줍니다.

〈수도승과 물고기〉에서도 역시 숨박꼭질을 계속하던 승려와 물고기는 결국 함께 깨달음의 세계에 도달한 듯 판타지 영역을 유영하면서 마무리 되죠. '리얼리티의 잔잔한 강을 흘러가다가 갑작스럽게 판타지로 수직상 승'하는 스타일이 갖는 묘한 카타르시스가 두 작품을 통해 잘 배어 있는 겁니다.

독립 애니메이션뿐 아니라 상업적 영역에서도 대부분의 애니메이션은 이렇게 리얼리티와 판타지의 균형을 통해 독특한 스타일을 창조합니다. 대표적으로 지브리와 디즈니가 그렇지요.

적당한 리얼리티와 적당한 판타지의 결합은 삶에서도 늘 있는 일입니다.

역사의 경험 속에서 삶이라는 현실 위에 그것이 '이데아'든 '신'이든 뭔가 초월적이고 본질적인 절대성을 설정하는 것은 오히려 인간 삶을 억

압할 수 있는 빌미를 주기도 했지요. 그러나 현실 속에 엄존하는 즐거움과 고통에 대해 일희일비하고 집착하기 보다는 나름의 탈출구가 필요하다고 봅니다.

요즘에는 영화(라이브 액션)도 애니메이션 못지않게 리얼리티와 판타지를 넘나들고 있다고 봅니다. 영화의 리얼리티-판타지의 균형과 애니메이션 의 그것은 어떤 차이가 있나요?

애니메이션을 보는 관객은 좀 더 준비되어 있다고 볼 수 있습니다. 리얼리 티를 현실이라 번역하고 판타지를 환상(꿈, 상상을 포함해서)이라고 한다면, 애니메이션은 수시로 현실과 환상을 오갑니다. 예고도 없죠. 아무리 갑작 스럽게 환상의 세계로 들어가도 관객은 그다지 놀라지 않습니다. 준비되어 있을 뿐 아니라 오히려 즐긴다고 할까요.

이렇게 예고 없이, 수시로, 현실과 환상을 오가는 점이 바로 애니메이션 을 단순한 균형이 아닌 '역동적 균형'이라고 부를 만한 이유입니다. 애니 메이션에서는 리얼리티와 판타지가 한 화면에 섞여 공존하는 상황도 자주 만날 수 있습니다.

영화가 리얼리티와 판타지를 넘나드는 상황을 다른 말로 표현하면, 최 근의 영화 경향이 오히려 다분히 애니메이션적인 영역으로 확장되고 있다 고 볼 수도 있겠습니다. 영화의 확장인지, 애니메이션의 확장인지에 대한 논의는 그만두더라도, 아무튼 영화와 애니메이션은 그만큼 공유의 영역이 커지는 것이라고 보면 될 것 같습니다.

아무튼 리얼리티와 판타지를 섞는 다양한 조합과 균형을 만들어내는 것은 애니메이션을 내용적으로 확장시키면서 작가 자신만의 독특한 세계를 구축하는 하나의 방법이라고 봅니다.

07 스토리와 캐릭터, 우연과 필연, 내러티브와 넌내러티브의 균형

리얼리티와 판타지를 섞는 방식은 정말 다양하고 역동적인 조합 – 균형이 가능하겠습니다. 그렇지만 리얼리티와 판타지만이 애니메이션의 내용이라는 측면에 있는 스펙트럼이라고 보기는 어렵겠죠. 다양한 요소들이 애니메이션의 내용을 구성하고 있을 거라는 생각이 듭니다.

리얼리티 – 판타지의 균형과 관계 없지는 않지만, 다른 측면에서 애니메이션은 스토리와 캐릭터, 우연과 필연, 내러티브와 넌내러티브 사이의 역동적 균형입니다.

　　스토리와 캐릭터는 서로의 영역을 구축하고 서로를 견제하면서 또, 서로 돕습니다. 스토리와 캐릭터의 관계 설정은 애니메이션의 성격과 독창성을 결정하는 중요한 요소입니다.

　　캐릭터는 주로 작품의 앞 단에서의 몰입을, 스토리는 주로 작품의 중반 이후에서의 몰입을 이끌어갑니다. 작품을 보자마자 바로 스토리가 읽히지는 않기 때문에, 캐릭터로 몰입할 수 있느냐 없느냐는 초반에 특히 중요한 문제일 수 있고, 어느 정도 캐릭터가 읽히고 공감과 이해가 조성되면, 이제는 스토리가 그 역할을 받아서 몰입을 이어가는 거죠.

그런데 캐릭터와 스토리를 배합하는 좀 더 극단적인 케이스도 있습니다. 바로 디즈니와 지브리의 차이입니다. 디즈니는 스토리를 중심으로 지브리는 캐릭터를 중심으로 작품을 풀어간다고 보여지는데, 이 부분은 따로 좀 더 구체적으로 말씀드리겠습니다.

애니메이션 속의 스토리와 캐릭터는 시기에 따라 주도권을 나누기도 합니다. 애니메이션 초기에는 주로 캐릭터가 스토리를 끌고 가는 경우가 많았습니다. 디즈니의 〈미키마우스〉는 탄생 이래, 캐릭터 주도의 애니메이션 스타일을 주도하면서 미국 서부의 디즈니랜드, 미국 동남부 디즈니월드의 간판 캐릭터로 활약하고 있습니다.

반면에 디즈니 신화의 출발점이라 할 수 있는 〈백설공주〉는 이후 디즈니의 스토리 중심 경향을 대변합니다.

우연과 필연의 문제는 어쩐지 철학의 중심 소재 중의 하나인 듯합니다. 애니메이션에서 우연과 필연 사이의 균형이란 어떤 것인가요?

우연과 필연은 어찌 보면 세상을 보는 두 가지의 다른 관점이라고도 볼 수 있습니다. 우주의 생성부터 본질과 현상의 문제, 자아와 타자의 관계까지 모든 마주침을 우연으로 볼 것인지, 필연으로 볼 것인지는 삶의 태도를 결정하는 중요한 기준이 되기도 합니다.

만화, 애니메이션은 인과의 필연에 대한 영향력으로부터 상대적으로 자유로운 장르입니다. 논리적으로도, 물리적으로도 만화나 애니메이션은 인과에 그다지 얽매이지 않습니다. 본질의 문제와 마찬가지로, 세상을 우연으로 보느냐, 필연으로 보느냐 하는 문제는 의도하건 의도하지 않건 정치·사회적인 문제를 수반하기도 합니다. 서양의 철학과 과학, 종교의 각 분야가 위기라고 부를 만한 변혁의 지점에 이른 상황에서, 해체주의나 포스트모더니즘과 같은 경향들이 나타나는 것도 전체보다는 개체를, 필연보다는 우연의 요소를 강조하는 경향이라고 합니다. 기존의 사상들이 전체와 본질을 내세워 개인의 삶을 억압한 것에 대한 반동이겠죠. 체제나 상황에 대한 변혁의 입장은 우연을, 그에 대한 고수의 입장은 필연을 부른다고 볼 수 있겠습니다.

애니메이션이 우연과 필연의 영역을 자유롭게 넘나든다는 얘기는 다시 말하면 우연이라는 요소에 좀 더 무게를 둔다는 의미라고 보면 좋을 듯합니다. 결정론적인 입장보다는 예측 불가능한 전개와 허를 찌르는 반전을 즐기는 편이라는 거죠.

삶의 마주침을 우연으로 보느냐, 필연으로 보느냐보다 중요한 것은 그것을 어떤 입장에서 받아들이고 삶에 투영하느냐입니다.

인도에는 '범아일여' 라고 해서 모든 것들에 신이 깃들어 있고, 서로 서로 윤회한다는 사상이 있습니다. 그런데 사람들이 이 사상을 삶 속에 받아들이면서 현세를 부정하고 내세에 빠져드는 경향이 생기기 시작했습니다.

육사외도의 하나였던 아지타는 이를 극복하기 위해 인과도 없고 전생도 후생도 없으며 현재의 삶만이 주어져 있을 뿐이라고 주장합니다. 결국 현세의 삶을 즐기라는 입장이었죠. 이런 주장은 다시 쾌락주의 경향으로 흐르게 됩니다. 아지타의 유물론은 또 다른 허무주의를 낳았던 것이죠.

인과의 필연과 유물론의 인과 부정은 전혀 다른 입장이었지만 때로는 허무주의라는 동일한 결과를 불러오기도 합니다.

삶에서 자신의 입장과 관점을 분명히 하는 것은 중요한 일이지만, '내가 잘못 생각할 수도 있다.' 는 생각의 여지나 내 공간 안에 다른 사람이 끼어들 만한 여지를 남겨두는 것은 더 중요한 일이 됩니다.

또, 애니메이션은 내러티브와 넌내러티브의 영역에 넓게 자리 잡습니다. 일반적으로 내러티브라고 하면 드라마를 생각하고, 넌내러티브라고 하면 다큐멘터리를 생각하지만, 꼭 그런 건 아닌 것 같습니다. 오히려 다큐멘터리야말로 더 치밀한 목표와 의도에서 출발하고 그래서 더 명확한 방향성을 가진 경우가 많죠.

단어 그대로의 뜻으로 보자면, 넌내러티브는 그야말로 스토리에 얽매이지 않는 전개라고 풀어볼 수 있겠습니다. 대부분의 애니메이션이 스토리를 중요시하기는 하지만, 스토리 – 캐릭터의 균형에서 말씀드렸듯이 애니메이션은 꼭 스토리에만 의존하지는 않습니다.

죠르쥬 슈비츠게벨의 〈JEU〉도 좋은 사례가 되겠습니다. 회화적 함축성에 시간적 요소와 역동성을 가미한 경우겠고요, 대부분의 슈비츠게벨의 작품은 스토리가 중요성을 차지하지는 않습니다. 어느 한쪽에 얽매이지 않을뿐 아니라 애니메이션은 한 작품 안에서 내러티브적 전개와 넌내러티브적 전개를 병행하기도 합니다. 우리들 삶이 그렇듯이.

08 애니메이션의 형식 : 영화냐 애니메이션이냐

최근 제작되는 실사영화들을 보면, 실재 존재하지 않는 배우들이 등장하는 것을 볼 수 있습니다. 가상의 배우로만 영화를 제작하는 사례들도 있고요. 이런 것들을 애니메이션이라 불러야 하나요, 아니면 영화라 불러야 하나요.

〈베오울프Beowulf〉라는 영화가 있었지요. 로버트 저메키스Robert Zemeckis 감독의 2007년 작품인데, 작품 홍보를 하면서 할리우드의 섹시 심볼인 안젤리나 졸리Angelina Jolie가 누드로 출연한다고 해서 화제가 되었던 작품이지요.

　사실은 모든 캐릭터가 3D 모델로 만들어진 애니메이션인데 말입니다. 여기서 압권은 안젤리나 졸리의 몸은 실제 안젤리나 졸리를 스캐닝한 것도 아니었다는 것이지요. 안젤리나 졸리의 얼굴과 다른 모델의 몸을 합성한 결과라고 하더군요.

아무튼 이 작품은 영화일까요 애니메이션일까요.

인터넷으로 검색하면 나타나는 이 작품의 장르는 '애니메이션, 판타지'로 기록되어 있습니다. 사실은 애니메이션이다, 영화다 하는 구분 자체가 더 이상은 큰 의미를 가지지 못한다고 봐야죠.

로버트 저메키스가 외롭게 개척해 오다시피 한 3D의 영역에서 제대로 이름을 날린 사람은 제임스 카메론James Cameron 감독이었죠. 〈아바타 Avatar〉는 3D Stereoscopy(입체) 역사의 획을 그을 만한 센세이션을 일으킨 작품이었습니다. 3D 입체 영화로 거둔 성공이라기보다는 시나리오, 캐릭터 성, 연출 등 전반이 잘 조화된, 작품 자체의 완성도에서 더 큰 성공 요인을 찾을 수 있습니다. 이 작품에서 쓰인 실사 이미지는 전체 장면의 25%밖에 되지 않는다고 하더군요.

3D 애니메이션의 표현 영역은 실사 방향과 비실사 방향으로 나뉩니다. 실사 방향의 확장이라는 게 주로 라이브액션과의 결합이겠고, 비실사 방향으로의 확대라는 게 NPR, 즉 회화적이거나 만화적인 방향을 말하는 거겠지요.

그리고 이러한 양극단으로의 확장은 반드시 일관적인 방향성을 유지하는 것도 아닙니다. 실사 소스에 비실사적인 모션, 연출 등 요소를 섞기도 하고 비실사 소스와 실사적 재료, 연출을 혼합하기도 합니다. 이것이 가능한 게 바로 애니메이션의 특성이기도 하겠지요.

로버트 저메키스 〈베오울프〉

제임스 카메론 〈아바타〉

실사 소스에 비실사적 재료, 비실사 소스에 실사적 재료의 혼합에 어떤 사례들이 있을까요?

애니메이션의 형식, 애니메이션의 스타일은 주로 실사와 비실사의 너른 영역의 사이에서 결정됩니다. 좀 더 실사적 요소를 강조할 것인가 – 비실사적 요소 쪽으로 좀더 비중을 둘 것인가 – 하는 문제인데요.

형식적인 면에서 애니메이션의 가장 본질적인 특성은 실사 형식 – 비실사 형식 간의 폭을 유지하면서 이 둘 사이의 역동적 균형을 만드는 시도라고 봅니다.

실사 – 비실사 형식이란 단지 이미지만을 두고 구분하는 것은 아닙니다.

실사적 이미지가 있으면, 실사적 모션이 있고, 실사적 사운드와 실사적 시나리오가 있고, 실사적 캐릭터가 있지요. 이런 것들이 모여서 실사적 연출이 되는 것이고요.

또 마찬가지로 캐릭터, 시나리오, 사운드, 이미지, 모션, 연출 모든 면에서 비실사적 형식이 가능하겠죠.

사실은 독립 애니메이션 영역을 포함해서 애니메이션의 역사를 전체적으로 살펴보면, 이미 애니메이션 초창기부터 이런 실사와 비실사의 경계를 넘나드는 실험은 다양하게 시도되어 왔습니다.

예를 들면 〈이웃 사람들Neighbors〉이라는 작품은 실사적 이미지에 비실사적 모션, 연출이 결합된 결과라고 본다든지, 고전적인 디즈니의 작품들은 대체로 비실사적 캐릭터에 실사적 모션이 결합된 것이라고도 볼 수 있을 겁니다.

애니메이션은, 이런 측면에서 다양한 실사적 요소와 더 다양한 비실사적 요소 사이의 결합과 균형이 스타일을 결정합니다. 한마디로 다른 영역에 비해 선택의 폭이 넓다고 할까요.

영상이라는 영역을 구분하는 다양한 카테고리가 있지만, 그 가운데 실사와 비실사라는 구분은 상당히 유효한 기준이 됩니다.

실사와 비실사는 컨셉, 제작 공정, 소재, 타이밍 등 여러 측면에서 명확한 구분점을 가지고 있죠.

예를 들면 실사 형식은 촬영 – 편집의 제작 공정에 비중이 있다면 비실사 형식은 제작(그리기 또는 만들기) – 합성의 제작 공정을 중심으로 진행된다는 것이라든지 하는 부분 말입니다.

실제로 영상 관련 대학의 경우에도 학과 편제에서 실사 – 비실사의 기준을 가지고 접근하는 경우도 많이 있습니다. 교과 과정에서부터 기자재, 공간 구성까지, 모든 면에서 실사 – 비실사의 기준은 비교적 명확한 구분을 만들어 줍니다.

또 내용과의 관련성 속에서 실사는 리얼리티를 기반으로 하고, 비실사는 판타지를 기반으로 한다고 볼 수도 있지만, 역시 이것도 지나치면 도식적인 분류일 수밖에 없지요. 다큐멘터리가 반드시 리얼리티 기반이고 드라마는 판타지 기반이라고 할 수는 없는 것처럼.

한 작품 안에서 실사와 비실사를 넘나드는 표현도 가능하지만 한 씬 안에서 또는 한 컷 안에서도 역시 실사와 비실사는 서로 만날 수 있습니다. 애니메이션이 소스나 연출, 재료 면에서 특별한 구애를 받지 않는다는 것이지 실제로 실사와 비실사를 명확하게 가르는 것도 무리가 있어 보입니다.

실사는 영화, 라이브액션의 영역이고, 비실사는 애니메이션의 영역이라고 지나치게 도식적으로 가르는 것은 역시 또 하나의 편견이 될 수 있습니다. 물론 애니메이션이 비실사 영역에 근간을 두는 것은 논란의 여지가 없겠지만요.

09 실사와 비실사의 폭과 균형

노먼 맥러렌 감독과 디즈니를 비교하면서 실사와 비실사를 설명하셨는데, 실사와 비실사의 넓은 스펙트럼 사이의 균형은 어떤 모습인지 좀 더 구체적으로 알고 싶습니다.

노먼 맥러렌Norman Mclaren의 작품 〈이웃 사람들Neighbors〉은 사이좋은 이웃이 꽃 하나를 두고 결국 원수로 변하게 되는 과정을 사진 이미지를 활용한 픽실레이션Pixilation – 스톱모션Stopmotion 애니메이션으로 만든 작품입니다. 아카데미 상을 받았죠.

단일 프레임 촬영(Single Frame filming) 기법을 사용하여 사람이 땅에서 4피트나 떠서 날고 있는 것처럼 보이게 한다든지, 실제로 몽둥이로 사람을 때려서 날아가게 한다든지 하는 특수 효과를 만들었습니다.

〈이웃 사람들〉은 애니메이션이 소스를 사용하는 데 있어서 얼마나 자유

노먼 맥러렌 〈이웃 사람들〉　　　　　브래드 버드 〈인크레더블〉

로울 수 있는가 하는 점과 영화와의 경계에서, '프레임 컨트롤Frame Control'이라는 애니메이션의 주요 특질을 이끌어내기도 했습니다.

이 작품을 보고 있으면 실사영화로 만들었다든지, 일반적인 애니메이션 기법을 활용했다든지 하는 것보다 실사 소스와 애니메이션적인 기법을 융합하면서 훨씬 더 강렬하게 반전의 메시지 전달에 성공했다는 생각이 듭니다.

브래드 버드Philip Bradley Bird 감독의 〈인크레더블The Incredibles, 2004〉에 대해서 이와 관련지어 생각해 보겠습니다. 〈인크레더블〉은 〈샤크〉, 〈슈렉2〉 등 쟁쟁한 경쟁자들을 물리치고 아카데미 장편 애니메이션상을 수상했죠.

기존 3D 애니메이션의 연장인 듯도 하지만, 저는 〈인크레더블〉을 또 하나의 '픽사의 모험'이라고 부를 수 있을 만한 특별한 작품으로 보고 싶습니다. 1995년 〈토이스토리〉가 최초의 극장용 풀 3D 애니메이션으로 선을 보인 뒤 10년 동안, 많은 시도와 실험들이 이어져 왔죠. 극 사실주의를 표방한 〈파이널 판타지〉를 비롯해서 주류 할리우드 애니메이션이 아니더라도 독립 영역에서 3D의 회화와의 접목을 시도했던 〈Ode to Summer〉 등 NPR(비실사 기법, Non Photo-Realistic Rendering)의 다양한 실험들……

그러나 3D의 주인공들은 대부분 장난감을 주인공으로 한다든지(토이스토리), 곤충을 주인공으로 한다든지(벅스라이프, 개미), 동물을 주인공으로 한다든지(니모를 찾아서, 아이스에이지, 샤크 등), 괴물을 주인공으로 한다든지(몬스터 주식회사, 슈렉 등) 하는 것들이었고, 사람을 직접 주인공으로 한 작품은 거의 없었습니다. 있다 하더라도 흥행에 실패했거나 잠시 조연으로 나오는 경우가 대부분이었죠.

비교 항목	이웃 사람들	인크레더블
감독	1952년 노먼 맥러렌	2004년 픽사. 브래드 버드
공통점	소스와 제작 기법의 면에서 상반되어 있는 일상적 리얼리티와 애니메이션적 리얼리티를 자연스럽게 넘나드는 실험적 작품들.	
의미	Fantasy를 얻은 실사 소스	Reality를 얻은 애니메이션 소스
강점	때리는 장면의 섬뜩한 리얼리티 등 실사의 강점과 애니메이션의 과장되고 풍자적인 강점이 매치된 작품	인간이나 개 등 친숙한 캐릭터의 등장에서 어색함을 극복함. 더 이상 3D에서의 표현의 금기는 사라지고 만화적 3D의 새로운 전형을 창조함.
효과	강렬한 메시지를 전달하는 데 효과적	일상처럼 자연스럽게 몰입할 수 있는 3D 애니메이션의 한계 극복

일본에서 〈파이널 판타지〉의 흥행 결과는 '애니메이션이 라이브액션을 추종하는 경향'에 대한 비판적 성찰을 일으켰습니다. 결국 일본은 3D의 새로운 시도, NPR에 주목하게 되었고 2004년에 나온 〈이노센스〉, 〈애플시드〉, 〈스팀보이〉 등 주요 극장 애니메이션 개봉작에는 이런 움직임이 잘 반영되어 있습니다.

〈인크레더블〉은 공격적으로 3D '사람'을 주인공으로 내세웠죠. 당시에 아직은 시기상조라는 내부의 우려도 있었다고 들었습니다. 히어로를 주인공으로 하면서 다소 상쇄된 측면이 있다 하더라도 〈인크레더블〉은 사람을 주인공으로 하는 3D의 징크스를 깨면서 하나의 이정표를 세웁니다. 3D이긴 하지만 우선 캐릭터 컨셉 자체가 만화적입니다. 파이널 판타지의 실사적인 캐릭터 설정과는 대비가 명확한 컨셉이지요. 표정과 동작 역시 만화적으로 과장되고 익살스러우며, 3차원 공간과 너무나 잘 붙었죠.

〈이웃 사람들〉과 〈인크레더블〉은 50년이 넘는 시간적 거리를 두고 있지만, 전자가 실사 소스를 활용해서 Fantasy를 얻고 표현의 확장을 얻어냈다면, 후자는 3차원 애니메이션 소스를 활용해서 만화적 - 애니메이션적 리얼리티를 확보하며 또 다른 표현의 한계 극복에 다다랐다고 볼 수 있습니다.

이 두 작품은 실사 소스를 기반으로 한 애니메이션적 표현(이웃사람들)과 애니메이션 소스를 기반으로 한 실사적 표현(인크레더블)의 성공적 사례라고 볼 만합니다.

10 애니메이션의 기법 : 2D와 3D의 폭과 균형

2D와 3D도 실사 – 비실사 형식이라는 기준으로 구분할 수 있을 것 같습니다. 2D는 아무래도 만화에서 출발하거나 해서 비실사적 요소가 많고, 3D는 그에 비하면 실사적 표현이 많으니까요.

그렇습니다.

2D 애니메이션은 비실사적 요소가, 3D 애니메이션[15]은 실사적 요소가 많기는 하지요. 그렇지만 이렇게 기계적으로 구분하는 것은 좀 무리가 있습니다. 예를 들면 3D 애니메이션 중에서도 〈베오울프〉 같은 실사 이미지 – 실사 모션의 애니메이션이 있는가 하면, 인물을 주인공으로 등장시키면서도 부자연스럽지 않은, 만화적 3D 애니메이션 영역을 개척한 〈인크레더블〉 같은 비실사 이미지 – 비실사 모션의 3D 애니메이션도 있습니다.

요약하자면, '2D 애니메이션 = 비실사 스타일, 3D 애니메이션 = 실사 스타일'로 바로 연결되는 것은 아니라는 거죠.

2D와 3D는 일반적으로 애니메이션의 기법적인 측면의 접근이랄 수 있겠지요. 2D는 그리기에서 출발하고, 3D는 만들기에서 출발하고요. 그렇지만, 2D와 3D의 차이는 단지 회화와 조각이 갖는 정도의 차이에 그치지는 않는다는 생각입니다.

앞서 말씀드렸듯이 2D의 강점이 단지 생략 과장에 의한 함축적인 이미지에 있다거나, 3D의 강점이 단지 자유로운 카메라 워킹에 의한 스펙터클한 화면 연출에만 있는 것도 아니고요.

종합해서, 이미 말씀드린 바와 같이, 2D는 보이지 않는 세계를 드러내게 하는데 특별한 능력을 가지고 있다고 봅니다. 달리 표현하면 만화적 특성이고, 판타지적 특성이죠. 3D 애니메이션이 2D 애니메이션 영역을 잠식해가는 상황에서 2D 분야가 지켜내야 할 가장 중요한 덕목이라고 봅니다. 이에 비하면 3D는 현실세계를 모사하는 데 기반을 두고 있습니다. 2D의 판타지와 3D의 판타지에도 이런 측면에서 다소 차이가 있습니다. 그렇지만 3D는 현실을 모사한다든지 스펙터클에 자유롭다든지 하는 요소보다도 인터렉티브 영역으로의 확장 가능성에 더 중요성이 있다고 봅니다. 실시간으로 제어 가능한 3D의 특성이 인터렉티브 영역과 만나는 가장 적절한 길을 제시해 주는 겁니다.

좀 다른 얘기를 해보죠. 몇 년 전에 디즈니는 두 곳의 2D 애니메이션 스튜디오를 폐쇄해 버렸습니다. 더 이상 2D 애니메이션을 만들지 않겠다는 생각이지요. 그런가 하면 이와는 정반대로 지브리의 미야자끼 하야오는 여전히 3D에 대한 혐오에 가까운 입장을 고수하고 있습니다. 이들 사이에 어떤 차이가 있다고 생각하세요?

글쎄요. 디즈니가 더 이상 2D를 만들지 않기로 한 것은 어느 정도 경제적 이유가 작용했을 거라고 보이고요, 미야자끼 하야오가 2D를 고집하는 것은 잘 모르겠지만, 그만의 독창성을 중요하게 생각한다는 점에서 좀 미야자끼답다는 생각도 듭니다.

그렇네요.
그런 점도 있겠고요, 좀 더 본질적인 면에서 본다면 확대 해석일 수도 있습니다만, 아마 동양과 서양의 애니메이션을 보는 관점의 차이라고도 볼 수 있겠습니다. 한중일의 초기 대표적 애니메이터들이 대부분 만화가 출신이었다는 것도 주목해 볼 만합니다. 한국 최초의 장편 애니메이션 〈홍길동〉을 만들었던 신동헌-신동우 형제, 초대 중국 동화학회 회장을 지냈고 〈목적〉, 〈산수정〉 등 세계를 놀라게 했던 특별한 애니메이션을 남긴 터웨이 감독, 일본 최초의 TV 시리즈 애니메이션 〈아톰〉을 만들었던 데스카 오사무 감독 모두 만화가 출신이었죠.
　물론 미국이나 유럽의 애니메이터들도 만화가 출신인 경우는 더러 있었지만 미주 유럽에서 애니메이션은 주로 '영상물'의 범주에서 논의되는 경

론휘 〈ode to summer〉 비실사 3D　　　　OCON 〈The Island of Inis Cool〉 3D 스톱모션

우가 많죠.

한 가지 더 질문을 해 보죠. 애니메이션은 만화에 더 가깝다고 보나요, 영화에 더 가깝다고 보나요?

흠. 점점 쉽지 않네요. 3D 애니메이션 비중이 커져가는 상황에서는 영화에 더 가깝다고 봐야 하지 않을까요? 영상물이라는 점에서의 공통점이 무시할 수 없을 것 같고요.

일리가 있습니다. 물론 보는 관점은 여러 가지가 있을 수 있겠습니다만, 저는 이렇게 구분해 보고 싶네요. 애니메이션은 발상과 표현상의 자유로움의 측면에서는 만화와 같은 뿌리를 공유하고 있고, 영상이라는 형식이나 기법의 측면에서는 영화와 유사한 면을 가지고 있다고요.

그렇지만 앞서 말씀드렸듯이 역시 만화와 애니메이션은 '비실사'라는 특성을 공유하면서 자유로운 상상력과 너른 표현영역을 가지고 있다는 점에서 애니메이션은 만화와의 연관성에 더 비중을 둘 수 있다고 봅니다.

그리고 2D 애니메이션과 3D 애니메이션을 단지 그리기에서 출발하느냐 만들기에서 출발하느냐의 차이로 한정하는 것도 문제가 있지요. 왜냐하면 최근의 3D 애니메이션은 NPR(Non Photo - Realistic Rendering)이라는 기법을 통해서 2D 애니메이션적인 결과물을 만들 수도 있습니다. 심지어는 3D로 만들어서 스톱모션 방식으로 결과를 만들어내는 기법도 많이 등장했습니다. 론휘의 〈Ode to summer〉나 오콘의 〈The Island of Inis cool〉은 초기의 시도에 속합니다.

이제는 결과물만 놓고 제작 방식을 알아내기가 어렵게 되었습니다. 따라서 제작 방식으로서의 2D, 3D 구분 역시 큰 의미가 없어져 버렸죠. 그러나 2D 스타일과 3D 스타일이라는, 각각의 개성만은 계속 존재할 것이라고 봅니다. 아무튼, 제작 기법으로서의 3D 애니메이션의 비중이 점점 확대되어가는 것은 분명하다고 생각됩니다.

[주]

15) 2차원 애니메이션(Three Demensional Animation)은 평면, 3차원 애니메이션(Three Demensional Animation)은 기반으로 제작.

11 3D 애니메이션의 역사와 NPR

3D 애니메이션의 역사는 그렇게 길지 않은 것으로 알고 있습니다. 첫 작품은 아마 〈토이스토리〉였지요?

3D라는 용어, 즉 3차원 영상은 상당히 오래 전에 개발된 기술입니다. 그러나 그 기술이 단지 기술이거나 또는 기술력이 중심이 된 작품이 아니라, 극장 장편처럼 2시간 가까이 보고 있어도 지루하거나 어색하지 않은 영역으로 자리 잡은 것은 불과 얼마 되지 않은 일이죠.

디즈니에 있던 존 라세터John Lasseter와 애플에서 나온 스티브 잡스 Steven Paul Jobs가 함께 만든 픽사Pixar가 몇 편의 3D 단편을 만들 때만 해도 이렇게 파괴력이 큰 제작 공정이 되리라고는 생각하지 못했죠.

1995년. 우즈와 버디라는 사랑스럽고 익살 넘치는 두 캐릭터는 〈토이스토리Toy Story〉를 통해서 3D 애니메이션의 독립을 선언합니다. 이전의 3D

는 주로 영화 제작사나 광고 대행사의 수주를 받는 하청 영역이었거든요. 그래서 3D는 특수효과 분야와 캐릭터 애니메이션 분야로 나뉘게 됩니다.

지금은 주류라고 느껴지는 3D 애니메이션이 극장 장편으로 출발한 것이 겨우 20년도 안 된 짧은 역사를 가지고 있네요.

그렇죠. 이후로도 3D는 주로 장난감, 곤충, 기계와 같은 사람이 아닌 주인공을 내세워 영역을 확장해 갑니다.

2000년 초에 3D 애니메이션은 비약적 발전을 거듭한 나머지, 동명의 게임을 원작으로 한 극장용 〈파이널 판타지Final Fantasy〉라는 또 하나의 획을 그을 만한 선물을 안겨주었습니다.

〈파이널 판타지〉는 캐릭터에서 모션까지 극사실적 표현으로 이미 제작 단계부터 내내 화제를 몰고 다녔던 작품입니다. 그러나 완성품으로서의 〈파이널 판타지〉는 그다지 만족할 만하지 못했죠.

디즈니 신화의 출발점이라 할 수 있는 〈백설공주〉 이래, 로토스코핑은 부인할 수 없는 애니메이션의 한 경향이 되었습니다. 로토스코핑은 실제 영상을 캡처해서 그것을 바탕으로 애니메이션을 만드는 것인데, 그러다 보면 자연히 실사적 움직임을 그대로 애니메이션에 적용하기 쉽습니다. 그러나 애니메이션은 애니메이션 자체의 고유 특성이라 할 수 있는 비실사적 움직임이 있고, 오히려 실사적 가능성과 비실사적 가능성을 모두 수용하는 균형의 시도에서 답을 찾는 것이 중요하다고 봅니다.

〈파이널 판타지〉의 영향인지 아직도 일본에는 3D 애니메이션 제작이 그다지 활발하지 못합니다.

〈큐빅스〉를 만들어서 미국 시장 진입에 성공하고, 〈아쿠아키즈〉를 통해 일본 시장 진입에 성공했던 놀라운 사람들, 씨네픽스가 일본 도쿄 TV에서 〈아쿠아키즈〉를 방영하고 있을 때 함께 방영되는 TV 애니메이션에 다른 3D 애니메이션 작품이 거의 없었다고 할 정도입니다.

〈파이널 판타지〉가 3D의 한 방향인 극사실주의(PR)를 추구하고 있을 때 다른 방향으로서의 회화적 3D - 만화적 3D도 지속적으로 연구 제작되고 있었습니다.

〈NHK〉에서 만들어지고 1998년 〈NHK〉의 하이 - 비전에서 방영됐던 〈계산몽상도〉는 3D가 나아갈 수 있는 또 하나의 방향성을 제시했죠. 〈계산몽상도〉는 공식적으로 발표된 최초의 디지털 수묵 애니메이션이라고 볼 수 있는 작품입니다.

중국의 터웨이가 수묵 애니메이션 기법을 개발한 지 약 40년 만에 디지털이 수묵 애니메이션 기법을 부활시켰다고 볼 수 있죠. 사실 개인적으로는 이보다 조금 앞서서 수묵 디지털을 만들어 보기 위해서 수묵 애니메이션의 본산인 상해 애니메이션 스튜디오를 방문하기도 했었습니다. 그때도 현역은 아니었지만 고 터웨이 감독 등을 만날 수 있었죠. 집에 놀러가서 중국 애니메이션 역사에 대해 듣기도 했지요.

오시이 마모루 〈이노센스〉

〈파이널 판타지〉

이성강 〈마리 이야기〉

얼마 전에 중국 항주애니메이션페스티벌의 터웨이 감독 추모상영회에서 '터웨이는 동아시아 애니메이션의 과거이고, 현재이고, 미래'라는 취지의 발표를 했습니다. 동아시아가 공유한 전통의 과거 유산을 현재로 이어와서 애니메이션이라는 대중적 매체에 훌륭하게 접목했을 뿐 아니라, 한국 애니메이션에서 대단히 중요한 한-중-일의 우정을 앞장 서 보여주었기 때문입니다.

아무튼 기법으로서의 디지털 수묵 애니메이션은 그 이후로 NPR(비실사 렌더링, Non Photorealistic Rendering) 영역으로 확장되면서 시그래프와 같은 행사를 통해서 지속적으로 변화 발전하고 있는 추세입니다.

디지털 수묵 애니메이션…… 3D의 영역 확장 속도는 무서울 정도네요. 우리가 소위 동양화 또는 한국화라고 부르던 것을 3차원으로 처리해 낸다는 것이지요?

맞습니다. 그뿐이 아니죠.

2002년에 개봉된 〈센과 치히로의 행방불명〉은 3D와 잘 어울릴 것 같지 않던 미야자끼 하야오 감독도 부분적이나마 3D를 사용하고 있음을 보여주었습니다. 다만 전혀 3D를 쓴 흔적을 남기지 않는 것이 또 미야자끼 감독의 연출 원칙인 듯합니다.

디즈니가 2D 애니메이션 프로덕션을 축소하고 3D 애니메이션을 주력으로 전환하는 동안에도 일본의 주류 애니메이션은 여전히 2D가 강세를 보입니다.

2004년은, 3D NPR이 주류의 대열에 올라섰다고 말할 만한 사건이 생깁니다. 그 해 개봉된 일본의 애니메이션 화제작들에는 모두 NPR 표현이 사용되었던 겁니다. 〈공각기동대〉 후속작인 오시이 마모루의 〈이노센스〉는 NPR 기반의 2D, 3D 합성작으로 부분적으로 리플렉션 효과 등이 조화롭게 사용되었습니다. 오토모 가쓰히로의 〈스팀보이〉 역시 NPR을 기반으로 좀 더 자연스러운 합성 결과물을 보여주고 습니다. 〈공각기동대〉의 원작자인 시로 마사무네의 대표작인 〈애플시드〉 역시 NPR 기반에 배경, 캐릭터를 모두 3D로 만들어 2차원 느낌으로 출력하는 방식을 택했습니다.

국내에서도 상황은 비슷합니다. 이성강 감독의 〈마리 이야기〉, 〈천년 여우, 여우비〉에서도 NPR적 표현기법이 사용됩니다.

NPR 기법을 3D가 완성도를 높여가는 과정에서 나온 과도기적 산물로 생각해 볼 수도 있지만, 사실은 좀 더 근본적으로 NPR을 바라본다면 오히려 애니메이션을 본질적으로 바라보기 위한 복합적 시도라고 볼 수도 있습니다. 2D가 가진 장점과 3D가 가진 장점을 혼합하면서 애니메이션 가능성을 확장하는 시도이기도 하고요.

아무튼 NPR은 더 이상 비주류에 머무르고 있지 않습니다. 애니메이션, 게임의 다양한 작품들 속에서 2D와 3D의 넓은 스펙트럼 사이에서 NPR은 자유롭게 헤엄치며 둘 사이의 균형을 모색하고 있습니다.

애니메이션과의

12 애니메이션 제작 기법과
리얼타임 애니메이션

애니메이션의 기법을 2D와 3D로 크게 구분한다 하더라도 실제로 애니메이션 제작 기법은 셀 수 없이 많은 것으로 알고 있습니다. 어떤 것들이 있나요.

일생이 그대로 하나의 거대한 실험이었던 노먼 맥러렌 감독은 애니메이션의 제작 기법이 왜 이렇게 다양한가라는 물음에 그는 애니메이션이 그만큼 만들기 '어렵기 때문'이라고 했다죠.

애니메이션을 만드는 수많은 기법이 있고, 지금 이 순간에도 새로운 제작 방식이 어디에선가 만들어지고 있을 겁니다. 창작자들은 내용, 형식뿐 아니라 기법적으로도 새로운 방법을 시도하길 원하니까요.

특히 디지털 환경이 주를 이루는 상황에서, 좀 과장되게 말하면 애니메이션의 제작 기법은 거의 애니메이션의 수만큼, 또는 애니메이터의 수만큼

드로잉 애니메이션

절지 애니메이션

글래스 애니메이션

퍼펫 애니메이션

다양하다고 말할 수도 있습니다. 어떻게 분류의 기준을 잡느냐에 따라 또 역시 수많은 제작 방식의 분류가 가능하겠죠.

1.

우선 전통적인 제작 방식 분류는 주로 애니메이션의 재료나 도구를 기준으로 하는 분류입니다.

  셀의 투명한 성질을 이용해서 배경과 캐릭터를 분리 제작하고 합성하는 셀 애니메이션, 유리판 위에 그림을 그리는 페인트 온 글래스, 필름에 직접 흠집을 내서 애니메이팅하는 필름 스크랫치, 인형을 만들어서 움직이는 퍼펫 애니메이션, 클레이를 재료로 만드는 스톱모션 방식의 클레이 애니메이션, 종이를 오려서 관절을 만들어 붙이고 이것을 움직이는 절지 애니메이션, 사람을 직접 찍어서 애니메이션적으로 프레임을 컨트롤하는 픽셀레이션, 컴퓨터에 직접 그림을 그리는 방식의 2D 디지털 애니메이션, 컴퓨터에서 모델링 – 재질 편집 – 애니메이션 – 효과를 부여해 만드는 3D 디지털 애니메이션 등이 있습니다.

재료를 기준으로 본다면, 이외에도 목판을 여러 장 파서 만든 애니메이션도 있고 담벼락에 그래피티 하듯이 만든 애니메이션도 있습니다.

아날로그 방식에서도 크게 2D 방식과 3D 방식을 나눠볼 수 있습니다.

2.

그러나 위와 같은 전통적인 제작 방식의 분류는 최근 애니메이션 제작의 경향을 대변하기 어렵습니다. 약 20여 년 전부터 애니메이션 제작에 디지털 방식이 도입되기 시작하면서 생겨난 방식이 하프 디지털 애니메이션과 풀 디지털 애니메이션입니다.

하프 디지털 방식은 주로 애니메이션의 원화, 동화는 라이트박스를 활용해 종이에 그리고, 완성된 동화를 스캐닝해서 선화부터 채색, 합성 등을 디지털 방식으로 처리하는 것을 말하고, 풀 디지털은 원 – 동화 역시 타블

렛 등을 이용해서 제작하면서 전 과정을 디지털 방식으로 처리하는 것을 말합니다. 풀 디지털 방식에는 당연히 3D 애니메이션까지 포함됩니다.

현재는 주로 풀 디지털 방식이 주류를 이룬다고 보여집니다.

3.

그리기(2D) 와 만들기(3D) 방식이 있습니다.

디지털에서의 2D 방식과 3D 방식 이외에도 평면적 이미지를 생산하는 방식과 입체적인 공간을 구성하고 만드는 아날로그 방식을 포함합니다. 미리 말씀드렸듯이 제작 기법으로서의 2D, 3D와 결과물로서의 2D, 3D는 다릅니다. 제작 기법으로서의 2D는 그리기를 기반으로 하고, 3D는 만들기를 기반으로 한다면, 결과물로서의 2D는 평면적으로 구현된 결과물이고, 3D는 입체적으로 구현된 결과물이라고 볼 수 있습니다.

제작 기법으로서의 2D, 3D를 기준으로 본다면 2D 기법에 비해 3D의 비중이 커지고 있다고 볼 수 있겠고, 결과물로서의 2D, 3D를 생각해 본다면 2D 스타일의 비중이 3D에 비해 작다고 보기는 어려울 것입니다. 2D 스타일의 판타지적 요소나 비실사의 형식미 등이 리얼리티 – 실사의 흐름과 함께 여전히 중요성을 가지기 때문입니다.

참고로, 〈아바타〉의 성공 이후 크게 이슈가 된 3D 입체영상(STEREO SCOPIC)은 다소 용어상의 혼란이 있는데, 눈앞으로 튀어나오는 듯한 영상을 구분하지 않고 그냥 예전의 3D와 동일하게 표현하기 때문입니다.

4.

주로 2D 디지털 영역이기는 하지만 이미지를 그리고 만드는 방식에 두 가지 중요한 기법상의 차이가 있습니다. 하나는 비트맵 방식이고, 다른 하나는 벡터 방식입니다. 다른 표현으로는 페인팅(비트맵-포토샵, 페인터)과 드로잉(벡터-일러스트레이터, 코렐드로우, 익스프레션) 방식이라고도 합니다.

비트맵Bitmap 방식이란, 픽셀(pixel, picture와 element의 합성어)을 이용해서 조형적으로 그리는 방식이고, 벡터Vector 방식이란 수학적으로 그리거나 만드는 방식입니다. 3D는 기본적으로 벡터 방식으로 봐도 좋을 듯합니다.

비트맵은 그리기 편한 반면 확대하면 깨지는 단점이 있고, 벡터 방식은 그리기는 불편하지만 확대나 변형에 자유롭다는 특징이 있습니다.[16]

애니메이션 툴에도 비트맵 방식과 벡터 방식이 있습니다.

많이 알려져 있는 플래시라는 툴은 전문적인 애니메이션 툴이라기 보다는 웹 저작 툴이라고 봐야겠지만, 플래시가 대표적인 벡터 애니메이션 툴이라고 볼 수 있고요, 영국의 애니모나 틱택 같은 툴이 벡터 방식입니다.

비트맵 방식의 툴로는 90년대 초의 애니메이터 프로, 애니메이터 스튜디오를 비롯해서 오오라, 미라지, TV Paint 애니메이션 프로(세 프로그램 모두 같은 툴의 업버전 이름입니다.) 등이 대표적이고, 레타스 프로나 툰즈 같은 패키지형 프로그램도 있습니다.

최근에는 비트맵 툴에도 벡터 방식이 활용되고, 벡터 툴에도 비트맵 방식이 활용되는 추세입니다.

5.

촬영 – 편집 프로세스(셀, 스톱모션)와 제작 – 합성 프로세스(디지털 2D, 3D) 로 나눠볼 수 있습니다. 바로 이 점이 애니메이션이 가지는 폭을 보여주는 지점이라고 볼 수 있습니다. 100여 년 전 애니메이션 태동기에는 모든 애니메이션이 카메라로 촬영되어서 만들어졌습니다. 영화와 애니메이션의 차이는 단지 라이브로 찍느냐, 한 프레임씩 찍느냐로 나눠진다고 봐야겠죠.

셀 애니메이션은 셀룰로이드지 위에 캐릭터를 그려서 배경 위에 얹어 합성하는 방식의 애니메이션입니다. 애니메이션 태동기부터 100년 정도 주류 애니메이션 제작 방식이었죠. 셀 자체가 공해 물질이고 과정이 까다로워 지금은 거의 쓰이지 않고 있습니다.

초기 애니메이션의 촬영 – 편집 프로세스는 지금의 3D 애니메이션 프로세스에 부분적으로 계승되었다고 볼 수 있습니다. 3D 애니메이션 툴 내부에는 카메라가 있어서 결국 결과물을 카메라로 찍는 형태가 되는 거죠. 움직임의 표현에 있어서도 한 장 한 장 그리는 2D 방식에 비해서 키가 되는 동작을 지정해 주면 스스로 움직임을 만들어내는 3D의 방식은 라이브 액션과 흡사합니다.

6.

촬영 – 제작 프로세스의 구분과 약간 유사하기는 하지만 실사 기반(로토스코핑 – 3차원스캔 – 모션캡처)과 비실사 기반(그리기, 키 애니메이션 등)의 애니메이선 제작 기법을 구분해 볼 수도 있겠습니다.

　실사 기반 프로세스는 2D의 로토스코핑(Rotoscoping, 실제 촬영 영상을 바탕으로 각각의 프레임 위에 덧붙여 그리는 기법) 방식이나 3D의 3차원 스캐닝과 모션 캡쳐를 사용하는 방식입니다. 3차원 스캐닝이란 영화 〈아바타〉 등에서도 쓰인 기술인데, 사람을 그대로 모델링 데이터로 사진 찍듯이 찍는 것입니다. 평면 스캐너를 입체 스캐너로 진화시켰다고 생각하면 이해가 쉽겠습니다. 모션 캡쳐는 실제 사람이나 동물의 움직임을 캡쳐해서 캐릭터에 적용하는 방식입니다. 이 형태는 촬영 – 편집 프로세스를 그대로 제작 – 합성 프로세스로 가져왔다고 봐야 되겠죠.

　비실사 기반 프로세스는 2D에서의 일반적인 드로잉 애니메이션과 키 애니메이션 방식을 들 수 있습니다. 키 애니메이션이란 앞서 설명했듯이 키가 되는 동작을 지정하고 애니메이션을 만드는 방식입니다.

　최근에는 실사와 비실사의 두 방식 역시 혼용되고 있을 뿐 아니라, 혼용이 작품의 퀄리티에 중요한 영향을 미치기도 합니다. 다시 말하면 실제 사람의 움직임을 캡쳐해서 캐릭터에 적용하면서 그것을 다시 연출 컨셉에 맞게 수작업으로 키를 변형시키면서 새로운 움직임으로 재탄생시키는 기능의 비중이 커지고 있다는 것이죠.

7.

애니메이션과 시뮬레이션을 구분해 볼 수 있습니다. 시뮬레이션만 설명하자면, 중력이나 바람 영향 등 자연의 실제 상황을 컴퓨터가 자동으로 계산해서 애니메이션을 만드는 것입니다. 시뮬레이션 영역은 특히 실사적 표현 형태와 관련이 깊겠죠.

8.
향후 애니메이션의 제작 기법에 가장 큰 파장을 가져오게 될 주인공은 바로 리얼타임 애니메이션입니다. 리얼타임이란 '실시간'으로 번역할 수 있겠는데, 한마디로 애니메이션을 생방송으로 제작한다고 생각하면 됩니다. 실시간을 기준으로 생각해 보면, 기 제작된 애니메이션과 실시간 애니메이션으로 구분해 볼 수 있겠습니다.

생방송 애니메이션이라…… 상상이 잘 안 되는데요.

쇼프로그램도 아니고 어떻게 애니메이션을 생방송으로 만들 수 있을까 생각되겠지만, 지금의 게임 형태를 생각해 보면 간단합니다. 게임은 미리 캐릭터의 표정이나 동작이 만들어져 있어서 유저가 키보드를 누르면 그대로 반응하면서 동작하지 않습니까.

이런 방식으로 애니메이션을 만드는 것입니다. 게임과 다른 점은 훨씬 더 풍부한 표정과 동작 샘플들이 있어야 되겠죠. 실제로 이미 오래전부터 TV에서 이런 리얼타임 애니메이션을 통해 프로그램을 제작하고 있습니다. 주로 선거나 일기예보 같은 실시간 정보를 전달하는 게 중요한 프로그램에서 주로 활용되고, 더러는 주사위를 돌리는 게임쇼 등에서 활용되기도 합니다.

리얼타임 애니메이션 쇼 – 생방송게임쇼에서 참가자가 주사위를 던진다.

리얼타임 애니메이션은 기존 애니메이션과 완전히 다른 컨셉이군요.

플래시라는 프로그램이 애니메이션을 대중화시켰다는 평을 받기도 합니다.

주사위의 숫자만큼 실시간 애니메이션으로 캐릭터가 말판을 이동한다.

애니메이션이라는 게 엄청난 자본과 인력, 기간이 필요한 작업인데, 누구나 맘만 먹으면 간단하게 혼자서 애니메이션을 만들 수 있게 되었다는 것이지요. 그러나 플래시는 비교도 안 될 만한 애니메이션의 대중화가 바로 리얼타임 애니메이션을 통해서 가능합니다.

리얼타임이 방송에서 활용되는 사례는 위 그림과 같이 생방송 게임쇼에서 참가자가 주사위를 던지면 주사위 숫자만큼 실시간으로 캐릭터가 이동하는데, 각각의 캐릭터에는 오퍼레이터가 있고 카메라를 담당하는 프로듀서가 있어서 실시간 애니메이션을 만들게 됩니다.

리얼타임 애니메이션은 애니메이션이 상영의 영역을 벗어나서 공연 영역으로 확장되는 동시에 감상자들에게 복합 체험의 기회를 줄 수 있는 특별한 제작기법입니다. 초기 라이브러리(캐릭터 샘플, 동작 샘플, 표정 샘플, 효과 샘플 등)를 구축하는 비용이 들겠지만 애니메이션 제작비 절감에도 도움이 될 것으로 보입니다. 그렇지만, 무엇보다 중요한 것은 미완성된 채로 애니메이션이 감상자에게 다가가고 감상자에게서 완성될 수 있는 여지를 남겨둘 수 있다는 것이 아닐까 합니다.

산업적 효율성이 주류 프로세스를 결정하는데 중요한 영향을 끼치는 애니메이션의 특성 때문에, 리얼타임 애니메이션은 초기 라이브러리 구축비용 등에 대한 부분이 완화된다면 주목할 만한 솔루션이 될 수 있습니다.

> 분업 가능성의 여부는 애니메이션 산업의 핵심적인 요인이어서, (중략) 인형 애니메이션이라든지 그 밖의 미디어 테크닉들이 이제까지 셀 애니메이션보다 상대적으로 적게 활용되었던 것은 산업시스템에 적합하지 않아서이지 일반 관객이 그것을 좋아하지 않아서가 아니었다.[17]

더욱이 리얼타임 솔루션은 단지 산업적 효율성만 가지고 있는 것이 아닙니다. Web 3D나 AR, VR 그리고 리얼타임 애니메이션 솔루션에 의해 애니메이션은 상영의 영역을 벗어나 전시, 공연의 영역으로 확장하는 중입니다.

[주]

16) http://blog.naver.com/romurus/30012789008
17) 김준양, 『이미지의 제국』, 한나래, 2006, p.63.

13 애니메이션의 제작 공정과 창의성

애니메이션의 제작 공정은 어떻습니까?

애니메이션의 제작 공정은 제작 기법과는 약간 다릅니다. 공정도 물론 제작 기법처럼 여러 가지로 나눌 수 있겠지만, 그렇다고 해서 그만큼 많은 것은 아닙니다. 오른쪽 그림은 가장 일반적인 애니메이션의 제작 공정입니다.

애니메이션의 제작 공정을 보면, 나누기와 묶기의 연속이라는 것을 알 수 있습니다. 다른 말로 표현하면 발산과 수렴이 연속되는 겁니다.

애니메이션을 기획할 때 가장 먼저 생각할 것은 어떤 애니메이션을 만들 것인가 하는 것인데, 이것은 Needs와 Wants의 균형이라고 볼 수 있습니다. 내가 만들고 싶은 것은 무엇이고 대중이 원하는 것, 소통할 수 있는

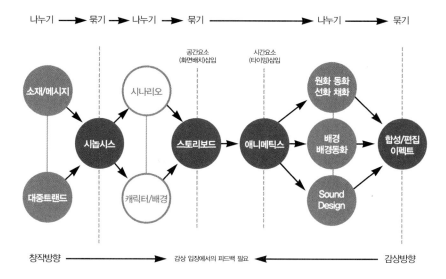

것은 무엇인지에 대한 균형이 기본적인 컨셉, 즉 시놉시스에 표현됩니다.

다시 시놉시스는 캐릭터와 배경 컨셉 중심의 이미지 영역과 시나리오의 텍스트 영역으로 나눠집니다. 캐릭터 – 배경 디자이너와 시나리오 작가가 작업하는 경우가 일반적이죠. 이미지에 비중을 두느냐 텍스트에 비중을 두느냐는 큰 차이를 만들어냅니다. 나중에 애니메이션 재료 파트에서 다시 설명드리죠.

아무튼 이미지 영역과 텍스트 영역이 합해져서 나온 결과물이 애니메이션에서 가장 중요한 설계도, 바로 스토리보드입니다. 스토리보드는 레이아웃과 타이밍이 모두 표현되지만 시각적으로는 주로 레이아웃을 확인할 수 있는 과정입니다. 이 스토리보드에 타이밍을 가미해서 만든 것이 애니메틱스, 스토리보드 릴, 또는 비디오 보드라고 하는 과정입니다. 여기까지가 기획 과정, 즉 프리프로덕션이 완료된 것이고요.

이후로는 메인 프로덕션 과정으로 넘어갑니다. 프로덕션의 첫머리에서 스토리보드 또는 애니메틱스는 움직임 파트(원화, 동화, 배경, 배경동화)와 소리 파트(배경음악, 효과음, 대사 등)로 나뉩니다.

이후 다시 이것들을 묶어서 합성-이펙트 과정으로 넘어갑니다.

과정 전체가 나눠지고 다시 합하고, 합하고 다시 나눠지는 과정의 연속입니다. 이렇게 발산하고 수렴하는 과정 자체에서 새로운 에너지와 동력이 솟고, 창의적인 발상과 표현이 가능해진다고 봅니다. 나누고 묶고 하는 과정도, 과정으로서의 극단이고, 이 극단 사이에도 역동적 균형이 필요합니다. 역시 상생뿐 아니라 상극의 힘도 필요합니다.

나누고 묶는, 이 단순한 과정에 대해서 좀 더 생각해 보죠.

나누는 과정은 다양성을 전제합니다. 많은 경우의 수나 방법을 가지고 있을수록 스펙트럼은 커집니다. 세계 여러 나라 학생들의 애니메이션 작품들을 보다보면, 그 나라의 환경에 대해서 짐작하게 되는 경우가 많습니다. 비록 작품이 사회문제나 환경을 다루지 않는다 하더라도, 일본이라는 환경에서 가능한 작품이 있고, 한국이나 중국에서 가능한 작품이 있습니다.

사회 자체가 가진 다양성, 수용성의 폭은 작품에 그대로 드러나는 경우가 많습니다. 개인이 조직 안에서 누릴 수 있는 선택의 폭이, 다양성을 결정하고 다양성의 폭은 창의성 여부를 결정합니다.

묶는 과정에서 중요한 것은 어떤 기준으로 묶느냐 하는 것입니다. 흩어진 다양성들을 분류하고 정리하면서 하나의 결론으로 이끌어가는 과정은 기준의 설정, 범주 분류, 유사와 차이, 다양한 변수들을 미리 고려할 것을 전제로 합니다. 그리고 중요한 것은 이렇게 만들어진 하나의 결론을 다시 나누고 묶는 방법적 순환 속에서 검증하는 것입니다. 묶여진 하나의 결론은 다시 다른 기준에 의해 또 다른 다양성의 하나로 환원시키는, 이 과정을 반복하는 것입니다.

'집방자재執放自在' 라는 도의 경지를 이르는 표현이 있습니다.

잡고 놓는 것을 자유자재로 한다는 것입니다. 잡아야 할 때 잡고, 놓아야 할 때 놓는 것입니다. 자유자재로 한다는 것을 역동적 균형으로 표현해도 괜찮을 듯합니다.

마음의 힘을 기르는 과정을 집심 – 관심 – 무심 – 능심으로 표현하기도 합니다. 집심은 마음을 한 곳으로 집중시켜 흩어지지 않게 하는 것이고, 관심은 마음을 흩어놓아 자유롭게 흘러다니게 하고 바라보는 것입니다. 무심과 능심은 마음이 자유자재로 활용되는 경지를 말하는 것이죠.

놓고, 잡는다는 집 – 방이 일상의 극단에 있는 스펙트럼이듯이 나누기와 묶기도 역시 또 다른 대립 극단의 스펙트럼입니다. 대립 극단 사이의 스펙트럼은 이렇게 그 자체로 균형을 요구하고 균형을 이뤄가는 과정이 새로운 창조의 과정이 아닌가 생각됩니다.

여기서 한 가지 더 짚어볼 것은, 창작자가 창작하는 과정과 그 창작의 결과물을 감상하는 과정의 방향에 대한 것입니다.

언제나 그런 것은 아니지만, 애니메이션을 만들 때 보통 어떤 주제, 어떤 메시지를 전달할 것인가를 먼저 생각하고, 다음에 스토리를 잡고, 연출 컨셉을 정하고, 스토리에 맞는 캐릭터들의 성격을 구체화하고, 제작 기법을 결정하고, 이펙트를 합성해서 결과물을 만든다고 해 보죠.

감상하는 과정은 어떤가요. 애니메이션을 볼 때 가장 먼저 보이는 것은 2D인지 3D인지, 또는 이펙트나 스펙터클이겠죠. 좀 시간이 흐르면 등장하는 캐릭터들의 성격이 보이기 시작하고 연출이 느껴지면서 중반 이후 쯤 지나면 대체로 스토리가 보이기 시작하겠죠. 라스트 씬 이후에야, 어떤 메시지를 전달하려는지가 드러난다……. 이게 비교적 일반적인 창작과 감상의 흐름일 것이라고 봅니다.

어떤가요. 정반대의 방향으로 창작과 감상이 일어납니다.

창작자의 생각이 관객에게 잘 전달되지 않는다면, 이 때문일 수 있습니다. 창작자 입장에서는 관객의 입장에서 기슬러 올라가보는 시도가 필요한 거죠.

14 애니메이션의 소프트웨어들

2D, 3D 디지털 애니메이션의 소프트웨어와 하드웨어로는 대표적으로 어떤 툴들이 있나요.

디지털 애니메이션의 시작은 대체로 1988년 전후로 봅니다. 그 이전에 작품이 전혀 없던 것은 아니지만, 국내에서 컴퓨터 그래픽, 디지털 애니메이션 스튜디오들이 만들어지기 시작한 것은 88 서울올림픽을 전후한 시기였습니다.

컴퓨터 그래픽이라고 하면 일반적으로 3D를 지칭하는 단어였지만, 90년도를 지나면서 2D 디지털 애니메이션 솔루션이 등장했습니다. PC 베이스를 중심으로 디지털 애니메이션 소프트웨어 역사를 간단히 요약해 보죠.

초기의 닥터 할로나 디럭스 페인트 같은 툴을 거쳐서 애니메이터 프로 Animator Pro라는 전문 툴이 나오면서 2D 디지털 애니메이션 솔루션이 본격적으로 가능해졌다고 볼 수 있습니다.

애니메이터 프로는 MS-DOS 베이스의 툴이었고 256컬러밖에 쓸 수 없는 치명적인 결함에도 불구하고 TV 시리즈 정도의 애니메이션 제작을 소화하는 데는 무리가 없을 정도로 속도나 안정성에서 탁월한 툴이었습니다. 게다가 애니메이터 프로는 풀-디지털 애니메이션 솔루션이었습니다. 풀-디지털이란 애니메이션의 전체 공정을 디지털로 처리할 수 있는 방식을 말하고, 하프-디지털이란 대체로 원화와 동화를 아날로그로, 그 이후의 선화 채화 과정부터를 디지털로 처리하는 방식을 말합니다.

윈도우로 OS가 바뀐 이후로는 애니메이터 프로를 볼 수가 없었는데, 놀랍게도 2007년경 중국에서 〈블루 캣〉이라는 성공적인 TV 시리즈의 후속 작품을 제작하는 과정에서 애니메이터 프로를 사용하는 것을 볼 수 있었습니다.

1993년경 애니메이터 프로를 사용해서 한 달에 20분짜리 애니메이션 시리즈를 제작하면서 툴의 속도나 안정성은 확인했지만, DOS 베이스에나 256컬러를 넘어설 수 없는 한계 때문에 윈도우 베이스로 출시되었던 애니메이터의 업 버전, 애니메이터 스튜디오Animator Studio에 상당한 기대를 하게 되는 상황이 되었었죠. 그러나 윈도우 베이스에 트루컬러가 지원되던 애니메이터 스튜디오가 출시된 후의 테스트 결과는 몹시 실망스러운 것이었습니다.

한마디로 TV 시리즈물 정도도 수용할 수 없을 정도로 속도나 안정성

면에서 불완전한 툴이었던 거죠. 애니메이터 스튜디오를 포기하고 다시 애니메이터 프로를 사용하면서 이런저런 툴을 체크해 봤는데 그때 오오라 Aura라는 툴이 눈에 띄었습니다. 오오라는 원래 웍스테이션이라는 하이 퍼포먼스 컴퓨터에 활용되던 2D 애니메이션 툴이었는데, PC 버전으로 나온 지 얼마 되지 않은 상황이었습니다.

90년대 후반부터 오오라는 한예종 애니메이션과의 2D 메인 애니메이션 툴로 학생들의 작품 제작에 사용되었습니다. 그 뒤 오오라는 몇 차례의 업그레이드와 함께 명칭도 변했습니다. 2000년 초에 미라지Mirage로 변경되더니, 2009년경에는 티비 페인트 애니메이션 프로TV Paint Animation Pro:TVP라는 이름으로 업그레이드 되었습니다. TVP는 한마디로 페인터와 애프터 이펙트를 섞어 놓은 듯한 툴입니다.

페인터Painter는 포토샵Photoshop과 함께 이미지 변형, 합성 툴로 경쟁할 만큼 막강한 툴이었죠. 포토샵과 비교해 보면 페인터는 여성적인 섬세함을 갖춘 툴이었는데, 이전에 없던 몇 가지 강력한 기능을 갖추고 있었습니다. 예를 들면 지구상에 존재하는 모든 브러쉬를 디지털로 담아 보겠다라든지, 사진 이미지에 필터 효과를 적용해서 고흐의 그림 같은 효과를 만들겠다는 식의 특별한 시도들을 담았던 툴이었습니다.

애프터 이펙트After Effect 역시 강력한 2D 이펙트 – 합성툴입니다. 90년대 중반쯤 디스크리트 로직의 플레임Flame이라는 툴은 소프트웨어 – 하드웨어를 합한 가격이 약 10억 원대에 이르는 2D 이펙트 – 합성툴이었는데,

애프터 이펙트가 플레임에 비해서 기능면에서 뒤지지 않는다는 평을 들을 정도였으니까요. 다만 플레임이 가진 속도와 안정성 등이 그렇게 높은 가격을 가능하게 한 거였죠.

좀 길어졌지만, TVP는 여전히 2D 풀 디지털 영역에서 가장 강력한 솔루션이라고 생각합니다.

플래시라는 비교적 많이 알려진 애니메이션 툴도 2D 애니메이션 디지털 소프트웨어 아닌가요?

디지털 애니메이션 제작을 일반화시켰다는, 다시 말하면 일반 사람들도 얼마든지 애니메이션을 제작할 수 있게 길을 열어주었다는 플래시는 정확히 말하면 2D 애니메이션 툴이라고 하기 어렵습니다. 오히려 웹 저작 툴이라고 보는 것이 맞고요. 단지 플래시가 가지고 있던 모션 트위닝을 포함한 애니메이션 기능이 다루기 쉬웠고, 여러 가지 이유로 폭발적으로 보급되면서 이슈가 된 것으로 봐야 합니다.

오히려 플래시의 가장 큰 강점은 매크로미디어 사장이 강조했던 것처럼 '어떤 OS(운영체제)보다 많이 깔린' 툴이라는 거죠. 플래시 이후에 좀 더 전문적인 벡터 방식의 2D 애니메이션 툴이 나왔지만, 바로 이런 기득권을 넘어서지 못하고 있는 셈입니다.

개인적으로 플래시의 미래 강점이라고 보는 것은 여타 2D-3D 소프트웨어와의 호환성과 웹, 모바일 등과의 확장성이라고 볼 수 있습니다. 바로 이런 점 때문에 어도비Adobe사에서 플래시를 인수하게 된 것이겠죠. 최근에는 아이폰, 아이패드를 앞세운 애플과 어도비의 플래시가 민감한 문제를 놓고 한 판 승부를 벌이고 있기도 합니다.

플래시와 관련해서 또 한 가지 중요한 것은 국내에 타블렛을 활용할 수 있는 젊은 애니메이터 인력이 상당히 많고 수준도 높다는 것입니다. 플래시를 이용해서 극장용 애니메이션에 도전한 것도 아마 한국이 처음일 겁니다.

어도비는 포토샵, 프리미어, 애프터이펙트, 플래시 등을 갖추면서 2D 영역의 절대강자로 떠오르고 있습니다. 앞으로 가장 주목해 볼 만한 소프트웨어 업체라고 생각합니다.

하프–디지털 애니메이션 영역은 어떻습니까?

하프–디지털 영역은 오히려 풀–디지털 영역보다 큰 규모를 가지고 출발했습니다. 이유는 셀 애니메이션 방식에 익숙한 업체들이 원·동화까지 디지털로 처리하는 솔루션에 바로 익숙해지기는 어려웠던 거죠. 그래서 원–동화는 아날로그 방식으로 처리하고 스캐닝을 해서 선화–채화, 합성–이펙트로 연결하는 하프–디지털이 업체에서 먼저 받아들여졌습니다.

초기의 대표적인 툴로는 미국의 툰즈Toonz, 유럽의 페그스PEGS, 일본의 레타스 프로Retas Pro 등을 들 수 있습니다. 각 지역의 애니메이션 제작 상황을 반영해서 만든 툴들이기 때문에 커버하는 영역도 달랐고, 서로의 호환성도 자유롭지 않았습니다.

일본 디지털 애니메이션 스튜디오의 90% 이상이 사용하던 레타스 프로를 예로 들어보면, 레타스 프로라는 프로그램은 세 영역의 소프트웨어로 구성되어 있었습니다. 잉크 맨, 페인트 맨, 코어 레타스였죠. 잉크 맨Ink Man은 스캐닝을 해서 선을 추출하는 기능을 중심으로, 페인트 맨Paint Man은 추출된 선을 기준으로 컬러링을 하는 기능이 주였고, 코어 레타스Core Retas는 합성하고 이펙트를 적용하는 영역을 담당하는 툴이었습니다.

이후 업버전되면서, 트레이스 맨Trace Man이라는 별도의 툴이 추가되었고 바로 이 부분이 타블렛을 이용해서 원-동화를 처리할 수 있는 기능이 포함되어 있었습니다.

다른 툴도 대부분 유사한 과정을 거쳐서 하프-디지털을 거쳐서 풀-디지털 솔루션으로 업버전되었습니다.

특이하게도, 초기부터 풀 디지털 솔루션으로 출시된 패키지형 툴들이 있었습니다. 대표적인 툴로는 영국의 애니모Animo와 캐나다의 틱택툰TIC TAC Toon을 들 수 있습니다. 툰즈나 레타스 등이 비트맵을 베이스로 제작한 반면, 애니모나 틱택은 벡터 방식을 베이스로 하고 있었습니다. 덕분에 애니모에서는 2D로 제작해 놓고 3D처럼 이미지를 회전시킬 수 있는 독특한 기능도 포함되어 있었습니다. 이런 툴들은 초기에 상당한 관심을 모았지만, 사용법이 까다로워서인지 주류가 되지는 못했죠.

3D 소프트웨어 영역도 변화가 많았을 듯합니다.

초기 3D 애니메이션 소프트웨어로는 PC 베이스의 3D 스튜디오3D Studio 와 웍스테이션 베이스의 알리아스Alias, 웨이브 프론트Wavefront, 그리고 소프트이미지Softimage 등이 있었습니다.

초기 메이저급 3D 애니메이션 솔루션은 PC보다는 웍스테이션 베이스에서 알리아스, 웨이브 프론트, 소프트이미지 중심으로 형성되었습니다. 알리아스는 모델링 영역에서, 웨이브 프론트는 스크립트와의 연관성에서, 소프트이미지는 비교적 아티스트가 접근하기 쉬운 3D 툴로 인식되었습니다.

나중에 알리아스와 웨이브 프론트가 통합되면서 탄생된 마야Maya는 지금까지 3D 애니메이션 솔루션의 최강자로 군림하고 있습니다.

오토데스크Autodesk의 3D 스튜디오3D Studio는 오토캐드AutoCAD와의 연관성 속에서 건축 시뮬레이션과 어느 정도 연관성 속에서 출발했다고 보여집니다. 3D 스튜디오가 3D 맥스3D Max로 이름을 바꾸면서 도입된 캐릭터 스튜디오Character Studio는 3D 맥스를 캐릭터 애니메이션 분야의 강자로 떠오르게 했습니다. 캐릭터 스튜디오의 바이페드와 풋스텝 기능은 발자국을 찍어주면 자동적으로 캐릭터가 발자국을 따라 걷거나 뛰거나 점프하게 하는 기능으로 차별화해서, 쉽고 빠르게 캐릭터 애니메이션에 접근할수 있게 하고 있습니다.

결국 마야와 소프트 이미지가 모두 PC 베이스로 내려오면서, 3D 맥스

－마야－소프트 이미지의 3파전은 더욱 치열한 양상으로 진행되었습니다. 상대적으로 퀄리티가 낮다고 볼 수 있는 3D 맥스가 3파전에서 어느 정도의 경쟁력을 가질 수 있었던 것은 하이 퀄리티 영역에서 영화나 CF의 특수 효과에 주로 활용되던 마야나 소프트 이미지와 달리 맥스는 다른 틈새, 즉 게임과 인터렉티브 영역을 파고들었습니다.

최근에는 아이러니하게도, 오토데스크가 마야와 소프트 이미지를 흡수하면서 3D 애니메이션 소프트웨어의 천하통일을 이뤘습니다. 지금은 세 종류의 크게 차별화되지 않는 세 소프트웨어를 모두 끌고가고 있지만, 조만간 통합되거나 도태될 수 있는 가능성도 충분히 생각해 볼 만합니다.

그 외에 틈새 영역에서 선전하고 있는 툴로는 3D 영역에서 라이트웨이브나 시네마 3D 등이 있고, 3D 재질 영역에 지브러시Z-Brush, 모션캡쳐와의 연관성을 가지고 실시간 애니메이션을 표방하고 있는 모션빌더Motion Builder 등을 들 수 있습니다.

2D와 3D 소프트웨어 영역을 양분하고 있는 어도비와 오토데스크의 다음 행보도 주목해 볼 만합니다.

15 혼자서 애니메이션 만들기, UCC

요즘은 UCCUser Created Contents라고 해서 아마추어들이 애니메이션을 만드는 사례가 많아진 듯합니다. 아마추어 입장에서 혼자서 애니메이션을 만들려면 어떻게 해야 하나요?

참 좋은 세상이 되었다는 생각을 더러 하게 되는 것은 주로 인터넷 때문입니다. 공부하기 좋아졌고, 자신의 아이디어를 실현시켜가는 좀 더 많은 방법을 얻게 되었죠. 인터넷이 가져온 생활혁명이 스마트폰으로 확장되면서, 그 변혁의 폭과 파장은 더욱 커졌습니다. 혼자서 할 수 있는 일의 범위도 더욱 커졌습니다.

   예전에 애니메이션은 대규모 인력, 대자본, 치밀한 초기 기획이 아니고서는 접근조차 불가능한 영역이었습니다. 그래서인지 지금도 미국, 일본을 제외하면 실제로 우리 나라만큼 독립 영역 — 상업 영역에서 지속적으로 애니메이션을 만들어내는 사례도 많지 않습니다. 영화를 만들 수 있고 또 잘 만드는 나라는 적지 않지만, 애니메이션을 규모 있게 만드는 나라는 생각 보다 많지 않습니다. 우리는 미국이나 일본에 심정적으로 지리적으로 워낙 가깝기 때문에 애니메이션의 최강대국인 두 나라에 눌려서 '우리는 왜 잘 안 될까?'하면서 고민하고 있지만, 사실 중국만 해도 한국을 성공 사례의 하나로 꼽고 있습니다.

아무튼, 디지털 시대가 열리면서 애니메이션 영역에서 가장 크게 달라 진 부분은 1인 제작 환경이 가능해진 것입니다. 디지털에 익숙한 창의력 있는 젊은 세대들이 대거 양산되었죠. 〈뽀롱뽀롱 뽀로로〉나 〈뿌까〉 같은 성공 사례를 만들어낸 것은 바로 이 디지털 환경에 힘입은 바 크다고 할 수 있습니다.

독립 영역도 마찬가지입니다.

안시, 자그레브, 히로시마, 오타와 등에서 성과를 내고 있는 한국 독립 애니메이터들의 대부분은 디지털 솔루션을 근간으로 하고 있습니다. 아직 까지 소위 애니메이션 영역의 '디지털 인재'들은 우리 나라에 가장 많이 포진해 있지 않나 싶습니다. 디지털 인재라고 하는 것은 애니메이션의 전 과정을 디지털로 처리하는데 익숙하고 창의적 발상과 표현을 디지털과 융 합해서 완성도 높은 결과물을 만들어내는 사람들이겠죠.

1.

질문으로 돌아가서, 혼자서 애니메이션을 만들기 위해서 접근할 수 있는 루트는 상당히 많습니다.

우선 요즘에는 디지털 카메라만 가지고도 가장 기본적인 애니메이션을 만들 수 있습니다. 대표적인 것이 픽실레이션이라는 기법입니다.[18]

예전부터 광고 등에 많이 사용했던 방식인데, 소스는 카메라로 찍은 실사 소스를 사용하지만 움직임의 표현 등을 애니메이션적으로 처리하는 방식입니다. 초기 애니메이터인 노먼 맥러렌이 만든 〈이웃 사람들Neighbors〉이 대표적인 사례입니다.

특히 요즘 디지털 카메라는 성능이 좋아져서 스틸 이미지를 찍은 직후에 바로 확인해 볼 수 있다는 장점이 있죠. 심지어는 아이폰을 가지고 영화를 찍는 사례도 많아지고 있습니다.

2.

픽실레이션과 비슷하기는 하지만 스톱모션 방식을 활용할 수도 있습니다. 픽실레이션이 스톱모션의 일종이라고 보는 것이 맞겠죠. 예를 들면 카메라를 고정시켜 두거나 트랙을 따라 이동할 수 있게 해 놓고 사물이 움직이는 것을 한 컷 한 컷 찍는 겁니다. 스톱모션의 대표적인 사례로는 영국 아드만 스튜디오의 〈월리스와 그로밋〉을 들 수 있겠습니다.

그러나 사물을 이용한 애니메이션은 기획한 대로 표현하기 위해서는 상당한 수련이 필요합니다. 특히 관절을 움직인다든지, 표정을 변화시킨다든지 하려면 많은 비용과 기간이 필요하기 때문에 픽실레이션과의 연관 속에서 시도해 보는 것도 방법일 수 있겠죠.

3.

디지털 솔루션으로, 플래시를 이용하는 방법이 있습니다.

플래시는 전문 애니메이션 툴은 아니지만, 비교적 간단한 애니메이션 제작 기법을 제공합니다. 더구나 플래시에서 제작한 애니메이션은 웹을 통해서 바로 공유할 수 있다는 장점이 있습니다.

4.

인터넷이나 모바일에서 제공하는 애니메이션 솔루션들이 있습니다.

애니키즈Anikids와 같은, 2000년 이후의 UCC 붐을 타고 나왔던 애니메이션 툴들이 있고요, 요즘은 약간 주춤한 듯합니다.

아이폰 어플리케이션 중에서 프리미어의 일부 편집 기능을 제공하는 툴도 나왔더군요. 모바일에서 동영상 촬영하고, 화면전환 효과를 집어넣는 정도지만, HD 화질까지 지원한다니, 세상 참 좋아졌다고 해야 할까요.

NHK에서는 십수 년 전부터 스토리를 넣으면 영상을 만드는 툴을 연구 중이라죠. 이제 거의 나올 때가 된 듯도 합니다만.

5.

멀지 않은 장래에, 리얼타임 애니메이션 솔루션이 보편화되면 본격적으로 UCC 애니메이션의 전성시대가 시작될 것으로 보입니다. 리얼타임 애니메이션은 캐릭터와 모션, 사운드, 이펙트 등의 소스가 미리 제공되고 유저는 캐릭터를 선택하고 변형하고 지정된 키를 통해서 게임하듯이 움직이기만 하면 되는 상황이 될 것입니다.

플래시가 애니메이션 제작의 대중화 시대를 열었다고 하지만, 플래시에 접근하기 위해서는 여전히 일정 정도의 드로잉 능력이 필요한데, 드로잉 능력을 요구하지 않고 퀄리티를 레이아웃이나 연출 등에 의존하는 리얼타임 애니메이션이 보편화되면 진정한 대중화가 시작될 것입니다.

창작자도 완성된 작품을 대중에게 던지는 기존의 역할뿐 아니라 공동 창작의 리더로서의 역할에 대해서 지금보다 더 고민해야 할 것입니다.

16 만화 애니메이션과 창의성

만화 애니메이션이 창의성을 키우는데 어떤 도움이 될까요?

공부하는 것을 너무나 좋아했던, 좋아한다는 사실만큼은 누구에게도 뒤지고 싶지 않았던 공자 같은 특별한 경우를 제외하고, 어렸을 때는 대부분 억지로, 해야 하니까, 다들 하니까 공부를 하지요. 그래도 두뇌가 신형일 때이다 보니 자동저장 기능이 활발하게 작동하는 시기고, 입력도 잘 되고 출력도 잘 되는 편일 겁니다.

　나이를 먹어서 공부를 한다는 것은, 굳어버린 머리, 바쁜 일과 때문에 여러 가지로 힘든 일이기는 합니다. 하지만 어릴 적 하던 억지 공부와는 다른 즐거움도 있습니다.

　즐거운 이유는 무엇보다 자발적으로 하기 때문이겠죠. 물론 그렇지 않은 경우도 많기는 합니다. 승진을 위해서, 이직을 위해서……. 이런 경우는 어릴 적 공부하는 것과 크게 다르지 않을 겁니다.

　무엇보다도, 나이 먹어 공부한다는 것이 즐거워지는 이유는 대체로 '관계가 보이는 공부'를 하기 때문이라고 봅니다.

　공부가 아니라도 그렇죠. 어릴 적에는 모든 것들이 따로 따로 나눠진 것처럼 보이지만, 나이를 먹고 경험이 쌓여가면서 보이지 않던 것들이 보입니다. 자아와 타자, 타자와 타자, 나와 공부 사이의 구조와 관계를 보게 됩니다. 경계 사유에서 관계 사유로의 진화죠.

　동양과 서양은 여러 면에서 서로 다른 문화를 이뤄왔습니다. 이 역시 또 하나의 대립 극단이라고도 볼 수 있겠죠.

　더러 '동양은 전체를 중시하고 서양은 개체를 중시한다.'라고도 합니다. 그렇지만 왜 개체를 중시하는, 개인주의가 발달한 서구에서 근대 이후 나찌즘이나 파시즘 같은 전체주의가 창궐했을까요. 개인의 자유보다는 공동체 구성원들의 평등을 중요하게 생각했던 맑시즘은 왜 서구에서 발생했고 또 먼저 구현되었을까요.

　사실, 동서양을 막론하고 공동체를 중시하는 경향과 개체를 중시하는 경향은 늘 존재했고, 또 충돌해 왔습니다. 헬레니즘이라고 부르는 그리스 철학사조에 에피쿠로스 학파와 스토아 학파는 각각 개체를 중시하는 사상과 공동체를 중시하는 사상을 대변해 왔습니다.

　동양에도 다른 사람, 전체를 위해서라면 목숨이라도 바칠 기세로 박애를 주장했던 묵가와 다른 사람이나 전체를 위하는 일이라면 머리카락 하나도 뽑을 생각이 없다는 양주의 극단적인 주장이 부딪히기도 했죠.

가장 대표적인 동양과 서양의 구분점은 '전체냐 개체냐'의 차이라기보다는 '관계 사유와 경계 사유'의 차이라고 봅니다. 고전 역학의 활약과 산업혁명이라는 역사적 사건 이후 서양의 경계 사유는 극단적으로 치달아서, 우주와 인간 모두를 기계로 보는 오류에 빠졌다고 볼 수 있습니다. 이에 비하면 동양은 개체보다는 관계를 주로 보면서, 우주와 인간도 기계적으로 인식하기보다는 유기체적으로 파악합니다. 서양 의학이 양약과 수술 등을 중심으로 치유하는 것과 동양 의학이 혈과 맥, 기와 같은 것들, 그리고 수지침 등에서 보이는 신체 각 부분의 관련성, 심지어는 오장 각 부분과 인간의 감정을 연결하려는 시도는 극명하게 대비되는 것이죠.

물론 서양에 우주와 인간을 유기체적으로 보려는 시도나, 동양 고대에 수술과 같은 치유방법에 대한 시도가 없었던 것은 아닙니다. 그러나 대중에 의해서, 또는 지도자에 의해서 어떤 시도가 주류로 받아들여지느냐에서 동양의 관점과 서양의 관점은 결국 나눠지게 됩니다.

맞습니다. 관계가 보이는 공부, 반드시 나이의 문제라고 보지는 않지만, 관계를 보면서 공부하는 것은 그렇지 않은 경우와는 상당한 차이가 있죠.

철학을 하다보면 역사가 달라붙고, 예술을 하는데 과학이 연결됩니다. 나이를 먹는다는 것 자체가 더 많은 관계 속에 놓인다는 것이겠지만, 관계 사유는 나이를 먹으면서 그냥 만들어지는 것은 아닐 겁니다. 관계 사유의 핵심은, 모든 것들을 역동적인 상호 의존성 속에서 바라보는 것입니다.

모든 존재는 상호 의존적이라고 합니다. 이것이 연기요, 공이요, 중도의 근거가 되고요. 고정불변의 실체가 있다고 하는 생각에서 집착이 생겨나고 고통은 시작됩니다. 관계 사유가 고통을 치유하는 방법도 될 듯합니다. 동양의 생성, 변화원리로서의 음양오행 – 상생상극도 관계 사유에서 출발합니다.

창의성의 핵심이 뭘까요. 상상력과 관계 사유라고 생각합니다.

상상력은 분출되는 발산의 방향을, 관계 사유는 서로를 연관지어 주는 수렴의 방향을 가지고 있습니다. 양자 역시 대립 극단이고 상상력과 관계 사유 사이에서 역동적 균형을 만들 때 창의성이 창발적으로 솟아난다고 생각합니다.

미야자끼 하야오는 상상과 발상을 구분하면서 상상은 방향성이 없이 무작정 솟아오르고, 발상은 목적성이나 방향성이 있는 상상이라고 말합니다. 창의력을 구성하기 위해 필요한 것은 상상보다는 발상이라고 충고합니다. 상상에 방향을 부여하는 힘 역시 관계 사유가 중요하다고 봅니다. 그렇다면 역시 더 중심이 되는 것은 관계 사유 쪽이 되겠죠.

그렇지만 불가피하게, 상상력은 젊었을 때 비교적 왕성하고 관계 사유는 나이를 먹어가면서 더 깊어져 가는 거라서, 이 양쪽을 그나마 잘 절충하며 균형 잡을 수 있는 30~40대는 참 좋은 나이라는 생각이 듭니다. 관련해서 강의실이라는 공간, 가르치고 배우는 상황은 학생들의 젊은 상상력 또는 발상과 선생님의 오랜 경험의 관계 사유가 충돌하고 섞이면서 새로운 생명을 탄생시키는 자리라고 볼 수도 있습니다.

관계 사유에 대해서 "창의적으로 생각하기 위해서 우리는 그냥 지나치는 것들을 새롭게 볼 수 있어야 한다."는 죠지 넬러George Kneller나 "창의성이라는 것은 분명히 상관없는 것들 사이의 관련성을 볼 수 있는 기본적이고 과학적인 능력이다."는 어니스트 디처Ernest Dichter의 말도 참고해 볼 만합니다.

'관계 바라보기'는 창의성의 가장 근본적인 요소라고 봅니다. 상상력도 결국은 현실에 뿌리하지 않을 수 없고 미야자끼가 더 가치있다고 얘기한 발상이라는 요소도 상상력과 관계보기의 결합이라고 볼 수 있겠죠. 애니메이션은 관계를 바라보지 못하면 풀 수 없는 미로 같은 것일 수 있다고 봅니다.

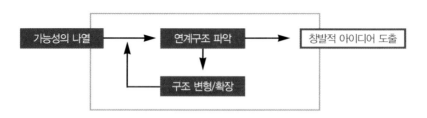

애니메이션이 가지는 대립 극단의 가치들을 순서에 관계없이 나열해 봤습니다.

　만화도 마찬가지겠지만, 애니메이션의 대립 극단들을 정리해 보면 애니메이션 창작이라는 게 얼마나 광활한 벌판에서 척박하게 이뤄지는 일인지 알 수 있습니다. 이 대립 극단들 사이에서 어떻게 균형을 맞춰 가느냐가 바로 창의성으로 이어지는 열쇠라고 봅니다.

　이렇게 다양한 대립 극단의 가치들을 어떻게 아우르며 창의적 결과로 이끌어갈 수 있느냐 하는 문제는 간단하지 않습니다.

　하나의 사례를 말씀드려보겠습니다.

　뭉쳐지고 나눠지는 과정을 반복하는 가능성의 나열 – 연계구조 파악 – 구조변형/확장 – 창발적 아이디어 도출의 흐름입니다.

1) 가능성의 나열–사고의 유연성과 복합적 사고를 통해 모든 가능성을 나열하되 최대한 다양한 관점을 확보할 필요가 있겠지요.

2) 연계 구조 파악–상황에 맞는 기준의 정립과 이에 따른 분류와 재정의, 그리고 균형과 배려의 과정입니다. 균형이 전체 입장에서의 조화라면, 배려는 개별 입장에서의 특화를 염두에 두는 것이겠고요. 연계 구조의 파악을 위해서 도식화(매핑)와 같은 과정을 통해 기준, 분류, 균형–배려를 정리할 수도 있겠습니다.

3) 구조 변형 및 확장–가능성의 보충 또는 변형의 과정과 경우에 따라 기준 자체의 변형 또는 확충이 수반될 수 있습니다. 구조 변형 및 확장은 또 다른 가능성의 나열이며 구조 변형과 연계 구조의 파악은 충분한 복잡성을 가질 때까지 반복되어야 합니다.

4) 창발적 아이디어의 도출–이 세 과정이 반복되면서 아이디어는 심화되고 결국 창발적 아이디어는 생성됩니다. 이렇게 정리된 아이디어는 실천적 검증을 통해 하나의 기준으로 되거나, 또는 또 하나의 가능성으로 환원되겠죠.

가능성의 나열–연계 구조 파악–구조 변형 및 확장……. 정·반·합의 변증법과도 연관성이 있어 보이네요. 실제로 이런 프로세스를 자주 활용하나요?

새로운 기획을 만들어낼 때 자주 쓰는 방법입니다. 가끔은 머리가 아이디어를 내는 게 아니라 손이 펜과 종이를 이어가며 아이디어를 생산한다는 생각이 들 정도로, 이 과정은 처음 머리에서 나온 상상력이 관계 사유를 통해 진화되는 경로를 생생히 보여주기도 합니다.

1. 처음 A4 용지에 한 장의 초안을 써 놓습니다. 최대한 가능한 모든 경우의 수를 나열합니다.
2. 앞의 초안을 참고하면서 또 다른 아이디어 또는 관련된 파생 계획을 다른 용지에 또 정리합니다.
3. 두 장을 동시에 비교하면서 세 번째 용지에 수렴합니다. 한 장으로 압축하는 거죠.
4. 다시 세 장을 동시에 놓고 또 새로운 발상을 시작합니다.
5. 어느 정도 반복되면 첫째 장부터 버리기 시작합니다.

6. 이렇게 약 10~20장 정도를 버리고 나면, 처음 아이디어와는 비교할 수 없는 뭔가가 남아있을 겁니다.

애니메이션은 먼저, 상상력의 예술입니다.

자유로운 판타지와 준비된 관객의 만남입니다.

다른 한편으로 애니메이션은 관계의 예술이고, 역동적 균형의 예술입니다.

다양한 대립 극단의 넓은 스펙트럼 안에서 애니메이션은 다이내믹하게 헤엄치면서, 상상을 발상으로, 발상을 표현으로 이어줍니다.

창작의 과정에서도, 감상의 과정에서도 애니메이션은 넓은 스펙트럼과 역동적 균형을 선물하는 창의성의 원형입니다.

17 애니메이션과 영화의 관계

애니메이션은 만화와 좀 더 많은 공유점을 가지고 있다고 하셨는데요, 그렇다면 애니메이션과 영화는 어떤 관계가 있나요?

영화에 비해 애니메이션은 전면적인 의도성에 의해서 진행된다는 것이 가장 커다란 차이라고 볼 수 있습니다. 의도성이란 캐릭터, 배경, 움직임, 이펙트 등 모든 것들이 감독의 연출에 의해 새로 탄생한다는 겁니다. 영화처럼 배우가 가진 기존 이미지나 배경의 우연적인 효과 등은 기대할 수 없다는 것이죠. 물론 실사를 활용하는 경우를 제외한다면요.

　실사 소스를 쓰면서도 영화로부터 애니메이션을 구분할 수 있는 기준은 바로 프레임 컨트롤Frame Control입니다. 프레임을 감독의 의도대로 늘리거나 줄여서 속도를 조절하거나 또는 사이 동작을 없애면서 변형된 동작을 표현하는 것들을 모두 프레임 컨트롤이라 할 수 있습니다. 역시 의도성과

비교 항목	애니메이션	라이브 액션 / 영화
특성	– 전면적인 의도성 – Frame Control에 의한 자유로운 표현 – 거의 무제한의 내러티브 수용	– 배우의 기존 이미지 활용 – 우연적 화면 구성 의존 높음 – 제한된 내러티브 수용
최종 컨셉	– 〈스토리보드〉는 메시지-대중 트랜드가 고려되고 시나리오-캐릭터가 균형을 맞춘 최종 컨셉 계획서	– 애니메이션의 〈스토리보드〉 과정은 영화의 시나리오 프로세스에 해당됨.
관련성	– 영화적 표현기법 차용하거나 로토스코핑, 리터치 애니메이션 등 영화와의 작업 연관성 높음.	– CG의 활용 및 퀄리티와 제작비 부담을 절감하기 위한 애니메틱스의 활용 등으로 연관성 높음.

관련이 있습니다. 영화를 다른 이름으로 라이브 액션이라 부르는 것도 애니메이션의 이런 특성과 구분하려는 의도죠.

그리고 애니메이션은 영화에 비해 거의 무제한의 내러티브를 수용할 수 있는 특징을 가집니다. 무제한의 내러티브란 그만큼 다양한 스토리를 담아낼 수 있다는 것이겠죠. 영화에서의 제한된 내러티브 수용은 단순히 제작비 문제만은 아닙니다. 그만큼 애니메이션이 내용상의 스펙트럼을 가지고 있다는 것이 더 중요합니다.

영화는 상대적으로 시나리오가 중요합니다. 그러나 미야자끼 하야오의 경우처럼 시나리오 없이 스토리보드 작업을 할 수도 있는 것이 애니메이션입니다. 애니메이션의 가장 중요한 최종 설계도는 스토리보드가 됩니다.

애니메이션은 초기부터 실사적 요소를 적극적으로 활용했습니다. 픽실레이션Pixilation의 대표 작품 〈이웃 사람들〉은 실사 이미지를 가지고 애니메이션적인 동작을 부여하기 위한 프레임 컨트롤을 적용한 사례지만, 그 반대로 로토스코핑은 비실사 이미지에 실사적 움직임을 부여하는 작업이라고 볼 수 있습니다. 최근 영화에는 애니메이션적인 소스와 움직임이 적극적으로 활용되고 있으며 CG의 비중이나 애니메틱스의 활용도는 더 커질 것으로 보입니다.

가장 많은 팬층을 확보하고 있는 일본의 미야자끼 하야오와 미국의 월트 디즈니를 비교해 보면, 애니메이션 내부에도 애니메이션적 태도와 라이브 액션적인 태도가 섞여 공존하고 있다는 것을 볼 수 있을 겁니다.

디즈니는 〈미키마우스〉를 탄생시킬 때만 해도 애니메이션이 가진 고유의 특성에 몰입하고 있었던 것으로 보입니다. 비실사적 소스, 비실사적 움직임, 캐릭터 중심의 연출이 그의 출발이었던 거죠. 그러나 소위 디즈니 신화의 출발점[19]으로 불리는 〈백설공주〉 성공 이후로는 극적으로 실사(라이브 액션)적 태도로 전향합니다.

애니메이션이 왜 실사적 형식에 맞춰 제작되어야 하는지에 대한 의문과 안티 디즈니의 촉발로까지 이어지기는 했지만, 디즈니의 형식 실험은 분명한 편으로 애니메이션의 지평을 넓힌 것으로 평가해야 할 것입니다.

지브리의 미야자끼는 다른 리얼리티를 추구합니다. 바로 캐릭터에 대한 디테일한 성격 부여죠. 미야자끼의 작품 안에서, 우리는 실제 우리와 함께,

우리 곁에 살고 있는 듯한 캐릭터들을 만납니다.

우리 주변에 흔한 인물이 – 그래서 감정 이입하기 쉬운 – 신들의 목욕탕이나 움직이는 성과 같은 판타스틱한 세계에 던져졌을 때 느껴지는 독특한 경험을 미야자끼는 강렬하게 표현해 냅니다.

몇 년 전에, 프랑스에서 영화 100년 전시회에 갔을 때, '카메라 이전의 영화들' 이라는 코너가 있었습니다. 놀라웠던 것은 영화와 애니메이션이 기법적으로는 거의 완전히 그 뿌리를 같이 한다는 것이었습니다. 지금은 애니메이션이 영화에 속한다는 보다 보편적인 시각도 있고, 레프 마노비치처럼 디지털 시대에는 영화가 가끔 실사를 사용하는 애니메이션의 일종이라고 보는 시각도 있습니다.

영화와 애니메이션은 여러 면에서 그 간격을 좁히고 있지만, 여전히 실사와 비실사의 맹주로서 활약하고 있고, 결과는 아니더라도 출발점으로서의 구분은 스펙트럼을 넓히는 데 도움이 될 수도 있다고 봅니다.

[주]

19) 디즈니 신화의 전형은 클래식 원작의 차용, 가족의 소중함, 해피엔딩, 감미로운 음악과 동작, 인체의 실제 비례 적용과 로토스코핑에 의한 실사적 모션, 멀티플레인 기술의 적용으로 심도 있는 카메라 워킹 등을 들 수 있습니다.

18 거대한 두 산맥, 월트 디즈니와 미야자끼 하야오

애니메이션을 잘 모르는 사람들도 이 특별한 두 사람, 월트 디즈니와 미야자끼 하야오는 들어봤을 것 같네요. 이 둘은, 어떻게 성공했고, 어떻게 다른가요.

미야자끼와 디즈니는 그대로 두 갈래 길입니다.

어쩌면 이 두 사람이 보여준 길이 바로 상업적 애니메이션의 두 가지 답일지도 모르죠.

중고시절 객관식 시험에는 정답이 있겠지만, 실제 삶에는 하나의 정답보다는 많은 해답이 있다고 봐야 할 것 같습니다. 그런데 이 두 가지 답안이 너무 달라요.

여전히 지속되고 있는 디즈니 스타일 또는 할리우드 애니메이션과, 하나로 묶기에는 다소 복잡성을 띠고 있지만 미야자끼 하야오 중심의 저패니메이션 스타일.

메시지도, 형식도, 기법도, 재료도 다르고, 자연히 이들 작품을 제대로 감상하기 위한 팁도 다를 수밖에 없습니다.

요즘 아이들이 보는 위인전에는 디즈니와 미야자끼 하야오가 모두 있더군요. 디즈니야 그렇다 해도 생존하는 감독까지 위인전에서 다룬다는 게 재미있었고, 위인을 보는 기준도 많이 달라졌다는 생각이 들었습니다. 무엇보다 이들의 영향력이 아이들에게 얼마나 대단한지를 느낄 수 있었죠.

디즈니는 1901년에 태어나서 1966년까지 살았고, 미야자끼는 1941년 생이니까 둘 사이에는 정확히 40살의 차이가 있네요. 이 두 사람이 어떻게 애니메이션의 역사를 새롭게 했는지 보죠.

디즈니의 역사는 그대로 애니메이션의 역사입니다.

디즈니의 수많은 작품들에는 '최초'라는 수식어가 붙어 있습니다.

1928년 미키마우스가 등장하는 〈증기선 윌리Steamboat Willie〉에 최초로 대사를 집어넣은 이래 〈엉터리 교향악단Silly Symphony〉 시리즈 중 하나인 〈해골춤The Skeleton Dancing〉에서 영상과 음악의 뛰어난 결합을 증명하고 〈꽃과 나무Flowers and Trees〉에서 처음 컬러를 사용했으며, 〈낡은 풍차The Old Mill〉에서 멀티플레인이라는 애니메이션의 깊이감을 창조했고, 〈판타지아Fantasia〉로 스테레오 시스템을 최초로 도입했고 셀 복사를 실험했으며 캐릭터 사업을 본격화시켰죠.

비교적 많이 알려진 1937년의 〈백설공주Snow White〉는 최초의 장편 애니메이션이었고, 그 동안의 모든 실험이 결집된 디즈니 신화의 출발점이었죠. 최초의 애니메이션 테마파크 '디즈니랜드Disney Land'를 성공시켰고, 디즈니의 사후에도, 디즈니사는 픽사PIXAR와 함께 최초의 풀 디지털 3D 장편 애니메이션 〈토이스토리Toy Story〉를 개봉하면서 '최초'의 타이틀을 이어가고 있습니다.

그런데, 디즈니에게는 안티도 많습니다.

안티 디즈니가 많다는 것은, 디즈니의 영향력에 대한 반증이기도 하지만, 어쨌든 미야자키 하야오 애니메이션의 시작도 이와 관련이 없지는 않습니다.

1963년, 좌파였던 그는 '미 제국주의의 표상' 디즈니에 대항하기 위해 도에이 동화에 입사했고, 1977년 〈미래소년 코난〉 전편을 연출했고, 1984년 〈바람계곡의 나우시카〉를 계기로 1985년 지브리 스튜디오를 열어 〈이웃집 토토로〉, 〈모노노케 히메〉, 〈센과 치히로의 행방불명〉, 〈하울의 움직이는 성〉 등을 성공시키며 매니아의 우상을 거쳐 대중의 우상으로 거듭나게 되었죠.

미야자키는 소위 '디즈니 스타일'을 싫어한다고 알려져 있습니다. 가족애와 가부장적 관점, 해피엔딩, 감미로운 음악과 부드러운 동작 등으로 대표되는 디즈니 스타일의 기저에는 보수적이고 우익의 입장을 대변하는 체제 옹호가 기반에 깔려 있기 때문이죠. 물신주의에 뿌리를 두고 좌익에 심취했던 미야자키의 작품들은 서로 다를 수밖에 없겠지만, 이보다 더 큰 차이가 두 거장의 작품들 사이에 존재하는 것을 보는 것은 흥미롭습니다.

작품들 안에서도 이런 두 사람의 세계관이나 스타일의 차이가 단적으로 드러나나요?

미야자끼는 생명력 있고, 현실감 있는 캐릭터를 물신적이고 환상적인 배경에 던져두고, 캐릭터가 부딪히며 상황을 헤쳐 가는 과정을 묘사합니다. 이에 비해 일반적인 '디즈니 스타일'의 작품들은 일반적으로 원작이 있는 작품에 기반해서 선악이 뚜렷한 비현실적 캐릭터가, 역시 비현실적 공간을 누비는데, 움직임의 표현을 라이브액션처럼 묘사하면서 현실감을 보충합니다.

어른이 되고 나서 디즈니의 애니메이션을 재미있게 보다가도 왠지 마음 한구석이 허전해지는 것은 아마 이 비현실적 캐릭터들이 공감대 형성과 몰입을 가로막는 이유가 크겠죠.

성균관대 철학과에서 특강을 한 적이 있었습니다.

철학을 공부하는 어떤 학생이 어린 시절 재미있게 봤던 〈라이온킹〉을 다시 보면서, 세계를 단순하게 선과 악으로 갈라놓고, 자신들을 선으로 규정한 뒤, 악-즉 '자신과 다른 것들'을 응징하겠다고 날뛰는 인간들의 잘못된 시각이 그대로 작품에 드러나 있다고 몸서리쳤던 것이 기억난다고 했는데, 이것이 디즈니 스타일의 가장 큰 한계일 수도 있습니다.

그에 비해 미야자끼의 애니메이션은 아이들이 보면 아이들의 시각에서, 어른들이 보면 어른들의 시각에서, 각각 다른 메시지와 재미요소를 찾아내곤 합니다. 디즈니는 결론이 명확한 편이고 지브리는 메시지가 없는 것은 아니지만 자주 결론을 유보합니다.

가끔은 디즈니 애니메이션에 몰입하면서도 디즈니의 캐릭터들은 한눈팔지 않고 정해진 스토리의 길을 열심히 달려가는 기계나 단세포처럼 보이고, 지브리의 캐릭터들은 좌충우돌 어디로 튈지 짐작하기 어려운 다중이들처럼 보이기도 합니다.

대신, 다양한 감독들이 스타일을 확장하고, 계승해가는 디즈니에 비하면, 지브리는 지나치게 미야자끼 하야오에게 의존하고 있다는 게 앞으로 지브리가 풀어야 할 가장 큰 숙제겠지요.

19 애니메이션의 재료
: 글에서 출발하기와 그림에서 출발하기

두 스타일의 차이가 두 개인의 차이에서 시작된 건가요, 아니면 애니메이션의 두 가지 큰 흐름으로 확대해 볼 수 있나요. 그리고 디즈니나 지브리가 할리우드 애니메이션과 저패니메이션을 대표하고 있다고 할 수 있나요?

지브리의 경우에는, 사실 저패니메이션의 일반적인 성향과는 다분히 상반된 노선을 가지고 있습니다. 전형적인 일본 애니메이션, 즉 아니메[20]는 데스카 오사무로 대표되는 TV 시리즈류라고 봐야겠지요. 전 세계에 공급되는 TV 애니메이션의 절대 다수는 아직도 일본 애니메이션이 점유하고 있습니다.

그러나 화려한 저패니메이션, 아니메의 신화 뒷켠에는 약점도 있습니다. 데스카 오사무는 60년대 이미 TV 시대를 예견하고 자신의 만화 원작

〈아톰〉을 애니메이션화하기 위해 저예산이라는 무리수를 감수했고, 지금도 일본 애니메이션의 TV 시리즈 제작사의 형편은 상당히 열악합니다.

미야자끼 하야오는 이를 비판하면서 고임금 고수익 고위험 전략을 고수합니다. 플랫폼도 주로 영화 쪽에 맞추고 있고요. 이건 개인적인 의견일 수도 있습니다만, 사실 미야자끼는 워낙 주류가 아니었고, 또 주류가 되기를 바라지도 않았다는 생각이 듭니다. 실제로, 〈모노노케 히메〉 이전까지만 해도 미야자끼는 매니아의 우상이었지, 지금처럼 아이들 위인전에 등장할 정도로 대중의 우상은 아니었거든요.

〈모노노케 히메〉를 만들 무렵이라고 기억하는데, 미야자끼 하야오가 한 TV 인터뷰에서 "요즘 누가 내 애니메이션 같은 걸 좋아하나요. 폭력도 없고, 섹스도 없는데……" 하며 다소 시니컬하게 말하는 걸 봤습니다.

이에 비하면 디즈니는 할리우드 애니메이션의 주류 중에 주류였지요. 픽사PIXAR라는 거인과 몸을 합치면서 더 강력해졌고요. 그렇지만 디즈니 애니메이션 초기에 형성된 '디즈니 스타일'은 이제는 많이 흐려졌다고 보여집니다. 픽사의 도전적이고 창의적인 발상, 표현에 오히려 상당히 영향 받은 게 아닌가 생각되기도 합니다.

아무튼 미국은 세계 극장 장편 애니메이션 영역을 점령하다시피 하고, 일본은 세계 TV 애니메이션 시장을 장악하고 있다고 볼 수 있습니다.

첫 번째 질문에 대해서는 어떻게 생각하십니까? 개인의 기호 차이인가요 아니면 애니메이션을 접근하는 데도 전반적으로 이런 다른 방식의 스타일이 존재하는 건가요.

중요한 부분이죠. 제가 보기에는 애니메이션 창작의 출발부터 맞닥뜨리게 되는 두 가지의 상반된 접근 방식이 있다고 생각합니다.

하나는 글에서 출발하는 것이고, 다른 하나는 그림에서 출발하는 것입니다.

글에서 시작하는 디즈니는, 한 작품에 수많은 시나리오 작가들이 붙어서 공감을 만들어내기에 노력하는 것 같습니다. 상대적으로 안정적인 방법일 텐데, 이미 널리 읽혀지고 검증된 원작에서 시작하는 것도 성공에 대한 변수를 최소화하는 전략적인 접근이라고 생각됩니다. 기승전결이 분명하고, 해피엔딩을 중요시하고, 그래서 이해하기도 쉽고, 예측하기도 쉬운 스타일이죠.

미야자끼는 그림에서 출발한다고 알려져 있습니다. 충분한 컨셉 드로잉을 통해서 캐릭터를 만들고, 단지 조형적 이미지로서의 캐릭터가 아닌, 성격, 습관, 가치관과 태도, 기호, 주변과의 관계 등 모든 측면, 다시 말하면 하나의 생명이 자라나기에 필요한 다양한 토양을 캐릭터에 쏟아 붓는 거지요. 시나리오는 잘 쓰지 않는다고 합니다. 대신 충분히 생명력을 부여받은 캐릭터를 가지고 바로 스토리 보드 작업을 진행하는 거죠.

소구하는 대상이 서로 다르다는 것도 중요한 차이겠지만, 디즈니는 결국 흠잡을 데 없는 매끄러운 스토리 위에서 목적성 분명한 캐릭터들이 일사분란하게 미끄러져 가는 것이라면 지브리는 스토리의 디테일을 미리 짐작하기도, 완전히 이해하기도 때로는 어려울 때가 있어요. 닫힌 결말과 열린 결말의 차이랄까요. 디즈니는 권선징악 중심의 강요된 결론이 있는 경우가 많고요, 지브리는 어느 정도 관객과 공감을 형성하고 전달하려는 메시지는 있지만, 강요하지 않습니다. 아예 끝을 흐려버리기도 하고요.

너무 도식적이지만, 글에서 출발하면 보다 논리적이고 정연한 애니메이션을 만들 수 있고, 그림에서 출발하면 감성적이고 예측 불가능하게 흘러가는 측면이 어느 정도 있다고 생각할 수도 있겠습니다. 물론 글에서 출발하는 경우도, 그림에서 출발하는 경우도 서로 상대방의 적절한 견제와 협력을 유지하는 과정이 필요한 거겠지요.

좀 더 확장해 보면, 글(언어 또는 텍스트)에서 출발하는 것과 그림(이미지)에서 출발하는 것 외에도 어느 재료를 선택하느냐에 따라 크게 보면 네 가지의 방향성, 즉 글-그림-소리-움직임의 재료들 모두에서 출발할 수 있다고 봅니다.

또 좀 도식적이 됩니다만, 이런 도표를 만들 때는 항상 이런 생각을 하곤 합니다. 매핑을 하는 것은 현실 속에서 맵을 깨기 위한 것이고, 언젠가 반드시 깨져야만 하는 것이라고요. 맵을 만들고, 규정을 하는 것 자체는 출발을 위해 필요한 것이지, 그것을 계속 지녀야 할 필요는 없고요, 그것을 지니고 있는 것은 오히려 현실을 바라보는데 방해로운 경우가 많죠.

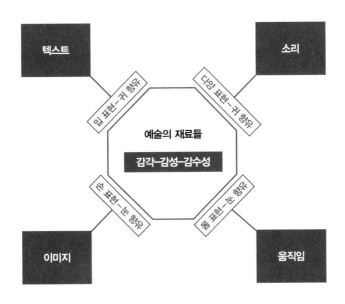

비트겐슈타인은 청년시절에 '그곳에 간 뒤에는 사다리를 버려야 한다.' 는 입장이었다고 합니다만, 장년 이후에는 '그곳에 가기 위해 사다리가 필요하다면, 난 그곳에 가지 않겠다.' 라는 식으로 생각이 바뀌었다고 합니다. 현실과 유리된 본질이나 지금, 여기에서 만나는 타자와의 우발적이고 적극적인 소통을 긍정하는 것이라고 생각됩니다.

좀 빗나갔습니다만, 맵은 결국 최초 스펙트럼을 넓히는 정도에서 의미를 가질 수 있다고 봅니다. 아무튼 애니메이션은 이미지와 텍스트 외에도 사운드, 움직임에서 출발할 수 있다고 봅니다. 예술의 재료, 애니메이션의 출발점이 되는 네 가지 재료에 대해서는 충분히 사례를 놓고 연구해 볼 필요가 있겠지만, 몇 가지 비교 포인트는 이렇습니다.

글은 선형적입니다. 글을 읽는 사람은 그 글을 쓴 사람의 호흡에 따라가게 됩니다.

글을 읽는 타이밍은 조절 가능하지만 순서는 변경시키기 어려운 거죠.

이미지는 비선형적입니다. 하나의 공간 안에서 이미지는 대개 병렬로 배치되죠. 이미지를 시간의 흐름으로 변형시키면서 칸을 도입한 것이 만화라고 볼 수 있겠습니다. 동시에 만화는 글을 수반합니다.

소리와 움직임도 기본적으로는 선형적 특성을 가집니다.

일반적인 애니메이션은 결과물로 보면, 움직임과 소리의 결합입니다.

그러나 좀 특수한 경우들, 예를 들면 타이포 애니메이션은 텍스트＋움직임＋소리를 중심으로 결합한 형태고, 〈TV 동화－행복한 세상〉처럼 이미지＋소리가 중심이 되고 움직임이 보조적으로 활용되는 경우도 있고요, 플래시 만화 역시 이미지＋텍스트를 기반으로 움직임＋소리가 보조적으로 활용된다고 볼 수 있겠죠. 뮤직비디오는 소리를 중심으로 이미지＋움직임이 보조하는 형태입니다.

애니메이션의 다양한 재료들을 가지고 결합의 형태를 변형시키면서 새로운 애니메이션의 형식을 실험해 볼 수도 있습니다.

[주]
20) 일본에서 일본 애니메이션을 가리키는 말.

20 1인 제작 애니메이션에 대하여

글에서 출발하는 것과 그림에서 출발하는 것, 만화나 애니메이션처럼 글과 그림이 함께 어우러진 형식에서 가능한 두 가지 중요한 스타일이겠네요. 만화도 그렇고 애니메이션도 마찬가지로, 글을 담당하는 사람과 그림을 담당하는 사람은 따로 작업하는 경우도 많겠지요?

그렇습니다. 만화의 경우는 원래 1인 작업이 일반적이라고 봐야겠지요. 그렇지만 제작 규모나 인지도가 커지면 만화가가 스토리 작가를 고용하기도 하고 인지도 높은 만화 스토리 작가가 몇 사람의 작화가를 두고 일하는 경우도 있습니다.

애니메이션은 좀 더 분화된 형태로 작업되는 것이 보통입니다. 일반적으로 시나리오 작가와 컨셉 아티스트가 되겠죠. 질문을 하나 해보죠. 캐릭터를 만드는 것은 글을 담당하는 사람일까요, 그림을 담당하는 사람일까요.

아, 긴장했는데, 그렇게 어려운 문제는 아닌 것 같습니다. 당연히 그림을 담당하는 사람이 캐릭터를 만드는 것 아닌가요? 뭔가 질문에 함정이 있는 것 같기도 합니다만…….

네, 질문에 함정이 좀 있습니다만, 그 말씀도 맞습니다.

그러나 좀 더 정확히 말하자면, 캐릭터는 함께 만드는 거죠. 캐릭터의 시나리오적 설정이 있고, 캐릭터의 조형적 설정이 있는 거니까요.

그것도 시대나 상황에 따라 조금씩 달라지는 부분입니다. 예를 들어 초기 애니메이션들, 즉 〈미키마우스〉나 〈톰과 제리〉 등을 보면, 강한 캐릭터의 개성과 관계가 전체 시나리오 구성을 이끌어가는 반복 구조를 보여줍니다. 〈미키마우스〉 하면 스토리보다는 춤추고 노래하는 쥐가 더 먼저 떠오를 거고요, 〈톰과 제리〉 하면 역시 승부욕 강하지만 매번 실패하는 고양이와 작지만 영악해서 만만치 않은 생쥐의 이미지가 반복적으로 활용되는 것처럼요.

소위 디즈니 스타일의 출발이라고 하는 〈백설공주〉 이후라고 생각됩니다. 애니메이션은 서사구조가 중요성을 띠게 되었고, 시나리오 작가가 시나리오적인 캐릭터 설정을 하고 이 설정을 받아서 캐릭터 디자이너가 조형적 설정을 하는 것이 좀 더 일반적인 경향이 되었습니다. 그런데 다시 요즘에, 다소 캐릭터의 조형적 설정을 우선하는 상황도 생깁니다. 원 소스 멀티 유즈[21] 환경에서는 여러 콘텐츠 간을 넘나들며 통일된 정체성을 잡아주는 것이 스토리보다는 캐릭터인 경우가 많거든요.

그리고 내용이나 메시지보다는 형식이나 스타일을 더 우선적으로 받아들이려는 대중의 감상태도와도 관련이 있고요.

그렇군요. 글을 쓰는 사람과 그림을 그리는 사람, 이렇게 다른 접근이고 다른 방향이지만, 만화뿐만 아니라 애니메이션에서도 이 거대한 양쪽을 통합하는 괴물들이 많죠?

상당수의 독립 애니메이터들이 놀라운 에너지로 이런 대통합을 이뤄내고 있습니다. 프레데릭 백이 우선 좋은 예가 될 수 있겠죠. 그는 자신 작품의 거의 전 과정을 스스로 해내는 것으로 유명합니다. 그 노고의 결과로 한쪽 눈까지 실명하게 되었죠.

십수 년 전 히로시마 애니메이션 페스티벌에서 70세가 넘은 그를 만났을 때 악수하는 그의 손이 심하게 떨리고 있었지만, 그때까지도 그는 계속 작품을 직접 진행하고 있다고 들었습니다. 그의 대표작 〈나무를 심은 사람〉은 물론 원작이 있는 애니메이션이지만, 그는 진정한 독립 애니메이션계의 거목이라고 할 만하죠. 요즘은 프레데릭 백의 따님이 프레데릭 스튜디오를 대표해서 활동하더군요.

몇 년 전에 일본에 등장한 젊은 괴물 하나가 있습니다. 디지털 시대 1인 제작 신드롬을 열었던 주인공으로, 빛의 표현에 대한 집착으로 '빛의 작가 라고도 불리는 신카이 마코토입니다.

2002년 공개한 〈별의 목소리〉는 감독, 각본, 연출, 작화, 미술, 편집 등을 혼자서 진행한 25분짜리 풀 디지털 애니메이션이었고, 기존의 개인 작업과는 차별화된 퀄리티로 주목받았고, 2004년 최초의 극장용 애니메이션인 〈구름의 저편, 약속의 장소〉를 만들어 마이니치 영화 콩쿠르의 애니메이션 부문에서 미야자끼 하야오의 〈하울의 움직이는 성〉을 누르고 수상하는 영광을 차지하기도 했습니다.

그러나 사실은 신카이 마코토를 얘기할 때마다 부러운 것은 그 감독의 역량도 있지만, 신카이 마코토를 탄생시켰던 코믹스 웨이브사를 포함한 일본 애니메이션의 토양입니다. 국내에도 1인 창작 애니메이션의 시대를 끌어갈 만한 역량있는 신인들이 일본 못지않게 포진해 있는데, 하는 생각이 듭니다.

한국 애니메이션의 신세대에 대한 얘기는 나중에 다시 하겠습니다만.

아무튼 이 종목에서 독보적인 또 한 사람, 미야자끼 하야오는 이런 통합을 메이저 상업영역 안에서 만들어내고 있다는 것이 특별한 거지요. 그의 대부분의 작품은 그가 각본, 연출, 원화까지 담당한다고 합니다. 이건 대단한 일입니다. 단지 작업량의 문제가 아니라, 한 사람이 소화할 수 있는 역할의 한계가 있을 텐데, 미야자끼 하야오의 에너지도 특별하다고밖에 할 수 없는 거지요.

또 다른 측면에서 보면 한 사람이 애니메이션을 만드는 것과 두 사람

이상이 모여서 애니메이션을 만드는 것은 완전히 다를 수 있습니다. 물론 지브리에도 좋은 스텝들이 많지만, 각본 – 연출뿐 아니라 일부라 하더라도 원화까지 한 사람이 진행한다는 것은 온전히 그 사람 작품이 되는 거죠.

두 사람이 만들든, 백 사람이 만들든 함께 애니메이션을 만들면 그 작품은 절충점을 찾게 됩니다. 많으면 많을수록 모두 이해 가능하고 공유할 수 있는 지점을 찾아가게 되겠죠. 그러나 한 사람이 전체를 다루어 가며 만들면, 다를 수 있다고 봅니다. 물론 장단점이 다 있겠지만 자신에게 축적된 경험의 깊이가, 고스란히 투영될 수도 있어서, 깊은 개인 무의식을 드러내 오히려 더 많은 사람들의 공감대를 불러일으키는 경우가 종종 있습니다. 집단 무의식에까지 닿을 수도 있고요.

한 사람의 내면으로 깊이 파고 들어가면, 오히려 더 많은 사람과 만날 수 있다. 새로우면서도 공감이 됩니다.

어설픈 절충보다는 선명한 자기 찾기가 먼저겠지요.

[주]
21) 하나의 소스를 다양한 매체에 적용한다는 뜻입니다.

21 캐릭터와 스토리의 관계

작품을 캐릭터 중심으로 끌어가는지, 스토리 중심으로 끌어가는지가 상
당한 차이를 만든다는 얘기를 하셨는데, 디즈니와 지브리를 보니 더 분명
하게 느껴집니다. 그런데 개인적으로는 애니메이션뿐 아니라, 문화콘텐
츠 전반에서 '스토리가 가장 중요하다' 는 얘기를 많이 들었습니다.

한국 애니메이션의 문제점을 얘기할 때, 단골처럼 꺼내는 카드가 바로 '스
토리의 부재' 입니다. 좋은 스토리가 없다는 것이죠. 그럴 때마다 분명하게
반문하고 싶습니다.

　"그렇다면, 좋은 스토리, 최고의 시나리오 작가가 나타난다면 우리 애니
메이션은 곧 글로벌한 성공을 거둘 수 있겠는가?"

　제 생각은 그렇지 않습니다. 물론 스토리가 중요한 것은 더 말할 나위
없이 진실이긴 하지요. 그러나 '아, 애니메이션 스토리가 그렇게 중요한데

도, 스토리 작가가 부족하구나. 그럼 내가 전문적인 애니메이션 스토리 작가로 활동해야겠다.' 라고 결심하는 순간부터, 그 사람은 생계를 걱정해야 하는 상황이 벌어질 수 있습니다. 아이러니하죠.

한국은 기본적으로 글로벌 마켓을 지향하기 때문에 큰 프로젝트는 외국 작가들을 쓰는 경우가 많고, 작은 프로젝트는 그냥 프로덕션 내부에서 소화해 버리는 경우가 많기 때문입니다.

비슷한 표현이지만 조금 달리 말하자면, '스토리가 문제다' 라고 할 때의 그 스토리가 우리가 일반적으로 알고 있는 그것이 아닐 수 있습니다. 스토리를 만들 때 가장 고민해야 할 부분이 '캐릭터의 개성을 어떻게 드러낼 것인가.' 일 것입니다. 특히 영화처럼 배우가 가지고 있던 기존의 아우라를 빌려 쓸 수도 없고, 더구나 디테일한 표정 연기를 애니메이션 캐릭터에게 주문하기도 어려운 상황에서, 캐릭터의 개성을 살리는 것은 간단한 문제가 아닙니다.

일반적으로 애니메이션에서는 영화만큼 시나리오의 비중이 크지 않습니다. 대신 스토리보드가 결정적인 역할을 하죠.

스토리보드 작가는 시나리오 작가가 표현하지 못한 애니메이션적 재미와 감동을 이끌어내는 핵심 스텝입니다. 게다가 미야자끼 하야오의 사례처럼 아예 시나리오 과정을 생략하고 캐릭터 설정에서 스토리보드로 넘어가는 경우도 있습니다.

저는 특히 요즘 애니메이션의 중심에는 캐릭터가 있는 게 맞다고 생각

캐릭터		스토리 / 시나리오
애니메이션에서 캐릭터는, 영화에서와 마찬가지로 연기력과 개성으로 관객을 초기에 몰입시키는 역할을 담당함.	역할	애니메이션의 시나리오는 비교적 단순하고 표현 폭은 넓지만 시나리오 자체 영향력은 상대적으로 작다.
초기 무성영화 시대에 애니메이션은 스토리보다는 캐릭터의 익살스런 동작과 표정, 코믹한 상황 중심의 시츄에이션물. 근래에 다시, 내용보다 형식과 스타일을 중시하는 대중 취향 등으로 캐릭터는 시나리오를 주도하거나 마케팅과 직접적 연관성이 커지고 캐릭터도 디자이너가 시나리오적 설정까지 담당하는 사례도 생긴다.	시기별 주도	1930년대 이후 애니메이션은 문학작품과 결합하거나(디즈니 애니메이션) 철학적이고 깊이 있는 주제와 내용을 다루거나(저패니메이션) 하면서 시나리오의 중요성이 상대적으로 커짐. 시나리오 작가가 캐릭터의 시나리오적 설정을 담당하는 경우가 많았고 캐릭터 디자이너는 기획의 설정에 충실한 디자인을 하게 됨.

합니다. 요즘이라고 말하는 이유는 지금과 같은 다매체, 멀티 소스 멀티 유스 환경에서는 캐릭터 주도의 기획이 좀 더 성공 확률이 높다고 보는 거죠.

사실 좀 더 정확히 말하자면 캐릭터와 스토리를 정확히 역할 구분해서 나누는 것도 쉬운 일은 아닙니다. 캐릭터 컨셉을 잡는데도, 시나리오적 설정이 있고 이미지적 설정이 있는데, 이 둘도 서로 명확히 나눠지지는 않습니다. 시나리오 작가가 캐릭터 메인 컨셉을 잡기도 하고, 캐릭터 컨셉 디자이너가 메인 컨셉을 잡기도 합니다.

단편, 중편, 장편에 따라 캐릭터와 스토리의 비중이 달라지기도 하나요.

작품의 길이에 따라 어느 쪽의 비중이 높아져야 한다기보다는, 단편에서 캐릭터의 역할은 좀 더 명확하게 개성을 보여주면서 전체 흐름을 주도하는 게 좋고, 장편에서는 캐릭터와 스토리가 서로 비중을 주고받으면서 전체 흐름과 긴장을 이어가는 게 필요하지 않나 싶습니다.

그리고 캐릭터를 생각할 때 한 가지 놓쳐서는 안 되는 것이 있습니다.

뽀빠이, 도날드 덕, 백설공주와 일곱 난장이를 탄생시킨 캐릭터 디자이너이자 애니메이션 제작자 샤무엘 컬헤인은 이렇게 말합니다.

"캐릭터가 얼마나 매력적으로 보이는지를 판가름하는 것은 디자이너의 재능이 아니다. 가장 신랄한 판단 기준은 등장 캐릭터를 움직여본 결과가 어떠한가에 달려 있다."[22]

캐릭터는 이야기 안에서 생명력을 가질 때 가장 캐릭터다울 수 있습니다. 그래서 캐릭터는 단지 디자인 상태가 아닌 캐릭터와 이야기와 섞여 있는 스토리보드 안에서, 나아가서 움직임이 부여된 상태에서 제대로 파악할 수 있다는 것이죠.

캐릭터와 스토리 역시 기본적으로는 음과 양처럼 상생상극의 관계라고 보여집니다. 캐릭터와 스토리가 서로를 도와주기도 하지만 서로를 누르기도 하면서 재미와 감동을 만들어가는 것이죠.

캐릭터와 스토리가 서로 돕는다는 것은 같은 방향을 바라본다는 것이고, 캐릭터와 스토리가 서로를 누른다는 것은 마주 보는 것과 같습니다.

같은 방향을 바라본다는 것은 스토리의 흐름을 캐릭터가 보완하고 캐릭터의 성격을 스토리가 잡아주는 것이고, 마주 본다는 것은 스토리의 흐름을 깨는 캐릭터의 카리스마를 보여주거나 캐릭터가 중심을 잡지 못할 정도로 흔들어대는 스토리의 독주도 필요할 수 있는 거죠.

상생은 상대를 길러주지만, 생명을 만들어내지는 못합니다.

상극은 상대를 제한하고 괴롭히지만, 결국 새로운 생명을 탄생시킵니다.

캐릭터와 스토리, 이미지와 텍스트, 움직임과 소리, 리얼리티와 판타지의 대립 극단들도 밀어주고 제한하는 상생상극의 관계 속에 놓여있다고 봐야겠습니다.

[주]

22) Shamus Culhane 저 · 송경희 역, 『애니메이션 제작』, 한국방송개발원, 1998, p.132.

22 애니메이션과 상생상극

상생상극. 음양오행의 변화 원리와 애니메이션을 연관시켜 생각해 볼 수 있다는 말씀인가요?

음양오행 상생상극 자체는 다소 도식화되어 있는 측면이 있지만, 여전히 변화와 생성의 원리에서 중요한 동양적 관계 사유의 꽃이라고 봅니다.

　더구나 애니메이션을 극단적 대립 극단의 역동적 균형이라는 관점에서 바라본다면 상생−상극의 원리와 관계지어 생각해 보는 것도 의미 있을 수 있다고 봅니다.

　상생상극은 변화의 원리입니다.

　음과 양을 다섯 가지 원재료로 분류합니다. 그것이 나무, 불, 흙, 쇠, 물의 오행이죠. 그렇지만 직접적인 대상으로서의 다섯 가지 재료를 가리킨다기보다는 그것의 속성에 대한 관점이라고 봅니다.

그리고 다섯 원소는 서로 생하고 서로 극합니다.

여기서 재미있는 것은 상생은 좋고 상극은 좋지 않다는 태도가 아니라는 것이지요. 심지어 상생은 길러내기는 하지만 생명을 탄생시키지는 못한다고 전제합니다. 생명의 탄생을 위해서는 상극이 필수적이라는 입장이죠.

그래서 부모와 자녀의 관계는 상생이고, 부부의 관계는 상극이라고 표현하기도 합니다.

지금까지 말씀드린 바와 같이 애니메이션은 내용, 형식, 기법, 재료의 면에서 서로 대립 요소를 가지고 있고 그 대립 요소 간의 스펙트럼 안에서 역동적 균형을 만들어가는 것이 창작의 과정이라고 말씀드렸습니다. 그런데 이 극단적 요소들이 서로 협력할 때는 애니메이션을 살려주고, 서로 견제하고 극할 때는 새로운 양식을 탄생시킬 수도 있다는 겁니다.

'새로운 양식의 탄생'은 애니메이션의 영역 안에서뿐 아니라 애니메이션과 만화, 애니메이션과 게임, 애니메이션과 영화 등 다른 영역들과의 사이에서 더욱 두드러지게 나타납니다. 상극에서 새로운 생명이 탄생한다는 것은 시사점이 있다고 봅니다.

디지털 시대의 두 가지 화두인 컨버전스(융합)와 다이버전스(전문화, 심화)를 생각해 보면, 컨버전스가 전제되지 않고 다이버전스의 확장이 어렵고, 더욱이 다이버전스 없는 컨버전스는 공허할 수 있습니다.

상생을 컨버전스로, 상극을 다이버전스로 대비시켜 본다면, 컨버전스는 양자를 북돋우고, 다이버전스는 양자를 충돌시키면서 새로운 생명, 새로운 양식을 탄생시킬 수 있다는 말이 됩니다.

또 하나 중요한 것은 상생과 상극이 서로 밀접하게 의존하고 있다는 겁니다. 다시 말하면 상생이 없다면 상극이 존재하기 어렵고 상극이 없다면 상생이 존재하기 어렵습니다.

애니메이션 창작 과정에 상생상극의 원리를 적용한다면 어떻게 될까요?

상생상극이라고 하면 특별히 신비로운 또는 반대로 고리타분한 의미로 다가올 수도 있겠지만, 신비로울 것도, 고리타분할 것도 없는 일상의 원리로 받아들이는 것이 좋겠습니다.

음양오행의 상생상극이나 붓다의 연기론, 뉴턴으로 대표되는 고전 역학에 반기를 든 신과학의 이론들은 서로 유사한 지점에서 만나고 있습니다. 관계의 관점, 변화의 법칙을 중심으로 한다는 것입니다. 뉴턴의 고전 역학은 기계론적 사고를 대변하는데, 주체와 대상은 분리될 수 있고, 따라서 대상은 정확히 측정 가능하다는 데서 출발합니다. 이것이 인류와 환경에 부작용을 낳으면서 이에 대한 반성으로 신과학 운동과 현대물리학은 시작되었다고 볼 수 있습니다.

특히 상생상극은 삶의 스펙트럼을 넓혀준다는 데 주목할 필요가 있습니다.

상생과 상극이 모두 변화의 원리이고, 상생은 서로를 길러주지만, 상극이 오히려 생산적 힘을 갖는 삶의 절대적 필요성이라고 느끼는 순간, 우리 삶에서 억눌리고, 감춰졌던 다른 한 극단이 빛으로 살아납니다. 한 방향으로 치닫던 삶이 전 방향으로 열립니다. 전체를 사는 거죠.

즐거움이 괴로움을 보듬고, 의식이 무의식을 인정하고, 마음이 몸을 받아들이고, 확실함이 애매함을 긍정하고, 확신이 불안에 기대고, 선이 악을 이해하고, 의지가 욕망에 의지하고, 자아는 타자를 향해 열립니다.

애니메이션이 다른 영역에 비해서 대립 극단의 스펙트럼이 크다는 것은 그만큼 다양한 조합이 가능하다는 전제입니다. 매체 간 전환이나 표현 방법도 다양하겠고, 주제나 메시지, 형식에 대한 실험도 여기서는 더 많이 열려 있습니다.

한국은 모순과 갈등이 많은 나라입니다. 지구상의 모든 갈등이 모여 있는 갈등의 축소판이라고 볼 수도 있죠. 아직도 이렇게 기세등등하게 이념 논쟁을 벌이고 있다는 것도 그렇고, 여전한 남녀의 문제, 과거와 현재의 공존, 개발과 보존의 갈등, 신세대와 구세대의 갈등, 노와 사……. 하지만, 상극을 받아들이고 그 역능을 인정한다면, 그만큼 한국은 세상에 보여줄 게 많다는 생각을 하게 됩니다.

일제 강점과 전쟁, 분단으로 이어지는 그 열악한 시대에 수운, 증산, 소태산 등 근대의 선각자들이 이구동성으로 '세계 속에서의 한국의 역할'을 외친 것도 이런 맥락이라고 봅니다.

23 월트 디즈니와 데스카 오사무

실질적으로 할리우드 애니메이션과 저패니메이션을 상징적으로 대표한다고 할 수 있는 디즈니와 데스카 오사무를 비교해 보면 어떨까요?

〈라이온 킹〉은 개봉 당시 디즈니사에 역대 가장 큰 성과를 안겨준 기념비적인 작품입니다. 그후로도 한참동안 그 대기록이 깨어지지 않았을 정도였죠. 디즈니의 신르네상스로 불리는 1980년대 후반, 디즈니사는 〈인어공주〉, 〈미녀와 야수〉, 〈알라딘〉, 〈라이온 킹〉을 연속적으로 히트시키며 화려하게 부활합니다. 이 중 〈라이온 킹〉은 그동안의 디즈니 코드를 집대성한 완성도 높은 디즈니 스타일 애니메이션의 완성이며, 최고 흥행기록에 빛나는 작품성–흥행성 양면의 성공작입니다.

　그러나 일본에서는, 이 작품이 데스카 오사무의 〈밀림의 왕 레오〉를 표절했다고 해서 그다지 흥행 성공을 거두지 못했다고 합니다.

분명히 컨셉상의 유사점은 있지만 〈라이온 킹〉이 〈밀림의 왕 레오〉를 표절했다고 하기에는 몇 가지 생각해 볼 점이 있습니다.

〈밀림의 왕 레오〉가 인간과 동물이 함께 등장하는 애니메이션이라면, 〈라이온 킹〉은 사람이 등장하지 않는 동물들의 이야기, 다른 말로 하면 바로 인간들의 이야기인 셈입니다.

> 〈라이온 킹〉이 특별한 것은 그 의인화가, 굳이 표현하자면, '총체적 의인화'라고 할 수 있기 때문입니다. 등장 인물들은 겉으로만 동물 모습을 하고 있을 뿐 본질적으로는 사람이라고 할 수 있습니다. …… (중략) …… 물론 〈밤비〉에도 인간의 모습은 등장하지 않습니다. 그러나 '인간의 존재'는 확연히 강조됩니다. 그리고 인간과 동물의 관계가 부각되지요.[23]

〈밀림의 왕 레오〉처럼 인간과 동물이 교감하는 애니메이션으로 과거 디즈니의 1941년 작 〈덤보〉나 1942년 작 〈밤비〉 등이 있습니다. 동양의 디즈니가 되고 싶었고, 〈밤비〉를 70번이나 봤다는 데스카 오사무라면 영향을 주고 받았다고 보는 게 맞을 듯합니다.

디즈니는 화려한 성공의 뒤편에 감춰진 극우 반공주의, 보수주의, 가부장적 태도 등으로 인해 비난의 대상이 되기도 했습니다. 그의 사후에도 디즈니의 작품은 일관되게 같은 태도를 견지하다가 지브리와의 교류를 통해 이 노선은 다소 수정되기도 했다고 하죠.

비교 항목	라이온 킹	밀림의 왕 레오 1965
공통점	사자를 주인공으로 하고 자연의 밀림을 배경으로 함. 등장하는 동물들을 의인화시켜 인간 사회를 풍자함.	
차이점	총체적 의인화. 사람은 등장하지 않으며 인간이 그대로 동물들로 치환되어 직접적으로 인간세계를 묘사함.	인간과 동물이 함께 등장함. 레오는 인간에게 키워지고 옷을 입고 다니는 등 인간에게서 영향 받음.
표절의혹 관련	〈라이온 킹〉과 〈밀림의 왕 레오〉는 등장 인물이나 배경 면에서 매우 흡사하고 이미 〈밀림의 왕 레오〉가 60년대 미국 TV에 방영되어 많은 인기를 끌었던 만큼, 〈라이온 킹〉이 레오의 영향이 없었다고 보기는 어렵다. 한편, 〈라이온 킹〉과 〈밀림의 왕 레오〉 모두는 어린 사슴 밤비가 숲속의 왕으로 성장하는 디즈니의 42년 작 〈밤비〉의 영향을 받았다고 볼 수도 있다.	
철학적 태도	등장 인물의 명백한 선악구조나 프라이드 랜드와 어둠의 땅 등 명백한 이분법적 구조에 의해 플롯 진행	이분법보다는 공생과 연기에 의한 전개. 인간과 레오는 서로에게 영향을 끼치며 서로의 정체성을 찾아감.

애니메이션도 어떤 입장에서, 어떤 연령대에서 접근하느냐에 따라 내용이나 의미하는 바가 완전히 달라진다고 볼 수 있는데, 누구나 어렸을 적 재미있게 봤을 법한 〈라이온 킹〉도 미국의 신제국주의로의 행보와 관련시켜 보면 오싹할 만큼 편협된 그들의 세계관을 그대로 드러내 보이는 듯합니다.

디즈니의 〈라이온 킹〉은 극단적이고 복합적인 이분법에 의해 진행되는 이야기라고 볼 수 있습니다. 프라이드 랜드에 사는 왕 무파사와 심바. 그리고 어둠의 땅에 사는 심바의 삼촌 스카와 졸개 하이에나들. 이것이 그들에게 밝음과 축복의 땅 미국과, 세계의 평화를 위협하는 테러 조직으로서의 중동지역과 북한을 보는 시각과 다름없다고 생각하면, 단순한 애니메이션이지만 편안하게 감상하기 어려워지는 부분이 있습니다.

다카하다 이사오의 〈반딧불의 무덤〉에 나오는 남매의 슬픈 이야기를 눈물을 훔치며 보다가도, 기저에 흐르는 감춰진 발상, 제국주의 일본이 희생자로 묘사되어 면죄부를 주는 듯한 느낌이 들면, 왠지 오싹해지면서 불쾌함이 역류하는 느낌과 비슷합니다.

90년 말쯤에, 히로시마 원폭 투하 현장에 갔다가 거기 조성된 평화공원에 들렀는데, 소위 '평화의 종'을 보게 되었죠. 거기서도 일본은 피해자였고, 정작 피해자인 우리는 어디 하소연할 데 없는 상황 같은 거 말입니다.

얘기가 좀 딴 데로 흘렀지만, 애니메이션이 아이들만 보는 장르처럼 여겨지는 것은, 바로 이런 단순한 이분법에 의한 캐릭터의 설정 때문이 아닐까 생각합니다.

그러고 보면, 디즈니의 애니메이션 상당수는 그런 선악의 대립과 권선징악의 구도를 유지해 온 것이 아닌가 싶네요.

그렇죠. 미야자끼 하야오가 디즈니를 싫어하는 이유도 바로 그런 위험한 선악의 이분법적 구조 때문이라는 얘기가 있습니다.

오히려 어른들에게는 이런 선악 대립의 스토리가 크게 문제되지 않을 수 있습니다. 판단이 가능하기 때문이죠. 판단이 가능함에도 이런 선악구조가 통하는 것은 권선징악 과정의 통쾌함, 대리만족 같은 것들이 작용하기 때문일 겁니다.

그러나 어린아이들에게는 좀 더 조심스럽게 접근해야 하는 것 아닌가 싶습니다. 아직 인간관계나 사회구조에 대한 이해가 부족한 상태에서 영향력이 큰 매체를 통해 주입되는 절대선과 절대 악의 존재는 정상적인 판단에 장애를 줄 수도 있으니까요.

여하튼 최근의 디즈니는 픽사와 함께 한 뒤 부터인지, 선악의 극단적 대립구조 스타일을 다소 벗어나는 듯합니다.

더구나 앞으로 미디어 환경에 대한 접근성이 높아지고 미디어와 콘텐츠에 노출되는 시간과 영향이 커질수록 애니메이션의 내용과 메시지에 대한 고민은 더 신중해져야 한다고 봅니다.

[주]
23) 김용석, 『미녀와 야수, 그리고 인간』, 푸른 숲, 2000, p.246.

24 애니메이션의 감상 : 미래 애니메이션의 모습

변화된 미디어 환경에 따른 애니메이션의 미래가 궁금해집니다.

애니메이션은 창작의 영역뿐 아니라 감상의 영역에서도 '넓은 스펙트럼과 역동적 균형'이 적용됩니다. 특히 감상의 영역에서, 다시 말하면 수용 방식이라는 측면에서는 애니메이션의 미래 모습을 엿볼 수 있습니다.

모바일 영역을 비롯해서 창작의 행위와 감상의 행위가 엄밀히 분리되지 않는 요즘 상황에서는 감상의 방식이나 감상자의 참여가 중요한 창작의 과정이 되기도 합니다. 플래시나 Wed 3D, 또는 실시간 애니메이션으로 넘어 오면서 애니메이션은 내러티브 영역을 넘어 인터렉티브 영역으로 확장되고 있습니다.

묻겠습니다. 예술이 대중에게 다가가는 방식을 범주화한다면 어떻게 될까요. 다시 말하면 대중이 어떤 방식으로 예술과 접촉하는 걸까요.

음, 예술 영역마다 조금씩 다르겠지요. 시나 소설은 책으로, 음악이나 연극은 공연 아니면 미디어로, 영화나 애니메이션은 극장이나 TV에서……
너무 많을 것 같습니다.

기존 예술 양식들이 대중에게 다가서는 방법을 묶어보면 크게 전시, 출판, 공연, 상영으로 구분해 볼 수 있다고 생각합니다. 조형예술은 주로 전시 형태로, 만화를 포함한 문학은 출판으로, 음악·무용·연극 등은 공연을 통해서, 영화나 애니메이션은 상영이라는 방식으로 접촉하는 거죠.

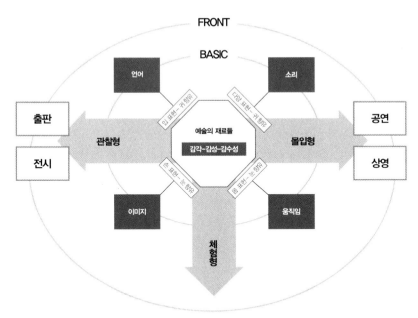

인터렉션을 포함하여 일상과 밀착되어 일상을 방해하지 않는 형식 강화

이렇게 전시-출판-공연-상영이라는 네 가지 영역으로 감상/수용 방식을 범주화하고 나면, 각 범주를 묶는 연계성들이 나타납니다. 예를 들면 전시와 공연은 작품을 보다 직접적으로 대면하는 방식이고요, 출판과 상영은 미디어를 통해서 경험하는 방식이랄 수 있겠지요.

다른 측면에서 전시와 출판은 보다 능동적인 접촉이라면 공연과 상영은 비교적 수동적인 경험의 측면이 있습니다. 능동적이라는 것은 감상자가 자신의 호흡에 맞춰 언제든지 작품 감상을 멈추거나 또 다시 지속시킬 수 있는 주도권을 가지고 있다는 것이고, 수동적이라는 것은 디렉터가 정해 놓은 시간대와 호흡에 맞춰 감상하게 된다는 의미입니다.

의미에 초점을 맞춰서 좀 더 적절한 표현을 찾는다면 관찰형-몰입형이라는 구분이 좋을 듯합니다. 관찰은 일상처럼, 연속되고 전면적인 접근이라면 몰입은 비일상적이고 단절된 경험이라고 볼 수 있겠습니다.

일상에서 우리는 마치 자동항법장치처럼 수없이 많은 감각기관, 기제들이 쉴 새 없이 작동되며 순간순간을 살아갑니다. 그러나 몰입의 순간에는 나 자신마저 잊고 어떤 대상 또는 상황에 빠져듭니다.

'소를 길들인다'는 비유로 구도의 과정을 표현한 '십우도'[24]에서 소라는 근원적 에너지를 발견하고 이를 길들이기 위해서 '채찍'과 '고삐'를 사용하는 비유가 있습니다. 채찍과 고삐라는 단어들이 다소 부정적인 느낌-빅 브라더에 의한 거대한 통제-을 풍기는 것은 사실이지만, 여기서 말하는 채찍과 고삐는 그것을 사용하는 쪽도, 그것을 받아들이는 쪽도 같은 존재입니다. 군이 표현하자면 채찍은 비일상적 각성이고, 고삐는 일상적 관찰입니다.

몰입형에 비한다면 관찰형은 '나'의 개입에 대한 가능성이 더 커진다고 볼 수 있습니다. 사람들이 쾌감이나 재미를 느끼는 방식은 모두 다르다고 봅니다. 물론 재미의 코드라는 게 어느 정도 존재할 수도 있지만, 결국 그것을 받아들이는 것은 다분히 주관적인 측면이 많은 것이죠. 전시-출판-공연-상영의 경계를 넘어서, 나를 잊고 몰입하게 하는 전시-출판 작품도 있고, 나를 더욱 살아나게 하는 공연-상영 작품도 있을 수 있습니다. 감상자 자체로도 이런 일반적인 경계를 넘어서는 경우를 볼 수 있습니다. 책에 완전히 몰입하는 경우는 물론이고, 오타쿠의 경우에는 애니메이션을 볼 때도 스톱워치를 가지고 본다고 하니까요.[25]

중요한 것은 대중들은 점점 일방적이고 단편적인, 작품 감상의 방식에서 좀 더 전면적이고 쌍방향적인 복합 체험을 요구한다는 사실입니다. 그리고 이런 복합 체험을 가능케 하는 다양한 기술적 뒷받침들이 **빠른 속도**로 진행되고 있다는 겁니다.

우선 짐작 가능한 애니메이션의 미래는 이런 관찰과 몰입의 경험이 어우러지는 콘텐츠가 될 것이라는 겁니다. Web 3D 애니메이션이 그렇고, 좀 더 확장해 보면 VR, AR 등 영역에서 나타나는 인터렉티브 애니메이션은 전시회 등에 적극적으로 활용되는 등 애니메이션의 몰입적 측면을 보완합니다. 특히 리얼타임 애니메이션[26]은 공연 요소와 상영 요소를 모두 가지고 있습니다. 애니메이션이 복합 체험의 통로가 되는 셈입니다.

근 미래의 애니메이션이 보여줄 모습 중 가장 중요한 것 중의 하나는 바로 이 관찰-몰입의 복합 체험이 될 것입니다.

관찰과 몰입의 복합 체험. 쉽지 않은데, 어떤 사례가 있을까요?

VR(가상현실, Virtual Reality)과 AR(증강현실, Augment Reality)을 비교해서 생각해 보죠. VR은 가상공간으로 직접 뛰어들어가 겪는 경험입니다. 현실과의 단절이고, 비일상적 체험입니다. AR은 현실에 가상의 이미지 또는 배경이 함께 섞이는 것입니다. 현실의 경험이죠. 베이스가 다릅니다. 가상에서 현실감을 느끼는가, 현실에서 가상을 느낄 것인가 입니다. 그런 의미에서 AR은 일상적 체험이고 일상적 콘텐츠입니다. 아직은 디스플레이 기술도 충분히 받쳐주지 못하고 있고 그만한 콘텐츠가 나올 만한 여건이 성숙되지 않았지만, AR 기술의 파괴력과 영향력은 VR과는 비교하기 어려운 측면이 있습니다.

MIT미디어랩은 2009년 TED(Technology, Entertainment, Design) 미팅에서 식스센스(Sixth Sense)라는 증강현실 기술을 발표해 화제를 불러 일으켰습니다. 카메라, 프로젝터와 거울, 손가락을 이용해 인터페이스를 구성한 이 기술은 손가락을 허공에 대고 사각형으로 만들기만 하면 카메라 없이도 사진을 찍을 수 있고, 프로젝터가 손바닥에 비춰주는 숫자 버튼을 누르기

눈앞에 화면을 투사 신문기사 인식해 관련 정보 제공

손바닥에 키보드 투사

만 하면 휴대전화 없이 전화를 걸 수 있습니다.

다르게 표현해 보자면 AR은 관찰형 콘텐츠, VR은 몰입형 콘텐츠라고 부를 수 있겠지요. AR은 일상형, VR은 비일상형 콘텐츠라고 해도 좋고요. 식스센스와 같은 혁신적 인터페이스가 콘텐츠를 일상으로 불러들이는 데 역할을 하겠죠.

또 만약 AR과 VR을 넘나들며 즐기는 게임이 있다고 해 보죠. 바로 그런 형태가 관찰과 몰입의 복합 체험에 대한 하나의 사례가 될 수 있을 겁니다. 디스플레이 기술이 충분히 무르익는다고 가정하면, 우리는 일상의 삶 속에서 관찰과 몰입이 어우러진 체험을 누릴 수 있을 겁니다.

정리해 보자면, 실시간 제어의 특성을 가지는 3D 애니메이션은, 웹 3D 애니메이션을 통해서 전시영역으로, 리얼타임 애니메이션을 통해서 공연 영역으로, AR 등 기술을 통해서 미래형 출판 영역으로 확장합니다. AR 기술은 출판-전시-공연-상영이 어우러질 수 있는 토털 솔루션이 될 가능성이 높아 보입니다.

[주]

24) 곽암의 〈십우도〉.

25) 영화나 애니메이션의 전개를 미리 짐작하고 적극적으로 축적된 개인의 경험을 투영하면서 영상물을 감상한다는 뜻입니다. 예를 들면 '이제 서서히 갈등이 시작되겠는데……' 랄지 '사건 해결의 실마리가 좀 더디게 드러나는군.' 하는 식으로 말이죠.

26) 리얼타임 애니메이션은 실시간 렌더 기능을 기반으로 하고 모델링, 모션, 사운드, 이펙트 라이브러리를 이용해 실시간으로, 생방송 애니메이션을 만드는 것을 말합니다. 모션빌더와 같은 툴이나 최근의 다양한 실시간 모션캡쳐 툴 등이 개발되면서 표현 영역이 확장되고 있습니다.

25 미래 콘텐츠의 경향과 테크놀러지

복합 경험을 제공하는 미래 콘텐츠에 대해 기술적 측면에서는 어떤 뒷받침들이 진행되고 있나요?

좀 더 기술적인 측면에 집중해서, 미래 콘텐츠의 경향은 리얼타임-온 디맨드Realtime-on Demand를 축으로 진화해 갈 것으로 보입니다. 이것도 역시 관찰과 몰입처럼 서로 다른 경향의 충돌, 융합 현상입니다.

리얼타임Realtime이란 '실시간'이라는 뜻입니다. 실시간이란 우리가 사는 세계와 동일한 경험을 가상 속에서도 즐긴다는 의미입니다. 우리 삶은 언제나 실시간인데, 온라인에서도 또 하나의 가상공간이 있고, 그 공간 안에서도 시간은 동일하게 흘러간다는 것이죠. 이것은 기본적으로 가상과 현실의 매치입니다.

다른 측면에서 실시간은 오히려 시간의 관념을 뒤집습니다. 절대 시간이 필요한 일들에 대해서도 실시간 기술은 하나의 퍼포먼스처럼 시간의 여지를 깨뜨립니다.

리얼타임은 동시성에 기반합니다. 대중민주주의가 가능했던 그리스의 광장처럼, 현대의 대중은 가상의 광장에서 실시간으로 만나 중요한 결정을 함께 할 수 있습니다. 앞서 말씀드렸던 '보이지 않는 것을 표현하는 것'이 2D의 가장 중요한 덕목이라면, 바로 이 '실시간 제어'는 3D의 가장 중요한 덕목이라고 봅니다.[27]

온 디맨드On Demand는 리얼타임과는 정반대의 경향입니다. '주문형' 또는 '맞춤형'이라고 번역하는 게 좋겠네요. 개인이 자신의 취향과 특별한 상황에 맞춰서 콘텐츠를 받아들일 수 있게 하는 기술입니다. 실시간이 대중의 동시성에 초점을 맞춘다면, 온 디맨드는 대중의 개별성, 독자성에 더 관심을 둡니다. 인터페이스 기반의 인터렉티브를 기본으로 하는 서비스 형태랄 수 있습니다. 주문형과 맞춤형은 좀 다른 속성입니다.

주문형이란, 주로 개별 매체의 속성에 기반한 기술로, 원하는 시간대에 원하는 장소에서 원하는 형태로 콘텐츠를 주문하여 즐길 수 있는 기술로, 유비쿼터스 콘텐츠의 형태에 비교적 기본적이고 직접적인 요소라고 볼 수 있습니다.

맞춤형이란, 유저를 학습하는 능력이 기본이겠죠. 컴퓨터가 내가 즐겨 찾는 사이트나 공간을 기억해 두었다가 GPS 등과 연동해서 나에게 적절한 타이밍에 적절한 장소에서 정보나 콘텐츠를 제공하는 것으로 역시 유비쿼터스의 본질적 측면과 부합합니다.

리얼타임과 온 디맨드가 공존하는 형식은 뭘까요.

맞춤형 실시간. 실시간은 상대적이고 맞춤형은 절대적입니다. 절대적이면서 상대적인 콘텐츠라는 건데, 한마디로 '따로 또 같이 즐길 수 있는 콘텐츠'라는 의미겠지요.

예를 들면, 실시간으로 대형 콘서트나 연극을 전 세계 어디서나 접속 가능하게 하고, 카메라의 위치나 음색, 세세한 정보들은 모두 선택 가능하다고 한다면 그것이 기본적인 의미의 '맞춤형 실시간' 콘텐츠라고 우선 부를 수 있을 겁니다. 디지털 TV나 내비게이션이 가능한 웹 또는 DVD 등에서 맞춤형 실시간의 구현이 가능해집니다.

단지 '대중매체'냐 '개별매체'냐의 구분이 아니고 '대중화된 개별매체' 또는 '개별화된 대중매체'라는 표현이 필요해지겠죠.

일상을 살아가는 데는 '내가 다른 사람들과 다르지 않다.'는 일체감 또는 소속감의 확인도 중요하고 정반대로 '내가 다른 사람과 같지만은 않다, 난 좀 다르다.'는 자기 확인이 동시에 필요한 것처럼 한편으로 실시간적으로 대중과 소통하면서 다른 한편으로 나만의 개성이 동시에 확인되는 형태가 될 것입니다.

이런 의미에서도, 관찰—몰입 경험과 리얼타임—온 디맨드는 대칭관계가 성립된다고 볼 수 있겠습니다.

'따로 또 같이' 라는 것이 앞으로 대중의 문화 향유 방식의 키워드가 될 수도 있겠네요.

철학사나 종교사를 놓고 볼 때, 전체와 개인에 대한 입장은 다양하게 대립되어 왔습니다. 헬레니즘 철학해서 공동체를 중시했던 스토아 학파와 개인의 행복을 더 중요하게 생각했던 에피쿠로스 학파의 대립은 동양에서도 '남을 위해서라면 온 몸의 털이 다 빠지더라도, 살이 닳아지더라도' 돕겠다고 한 묵가의 사상과 '남을 위한다면 머리털 하나도 뽑지 않겠다.' 는 양주의 삶에서 발견됩니다.

해체주의와 포스트모더니즘을 공동체보다는 개인, 정신보다는 육체를 더 비중있게 바라보고자 하는 서양 정신사의 반성적 움직임이라고 하지만, 여전히 개인과 육체에 대한 지나친 강조는 또 다른 문제를 가져올 수도 있다고 봅니다. 제도나 방법 자체에 문제가 있는 경우도 많습니다만, 그에 못지않게 사상과 관념을 받아들여 현실에 적용하는 방식의 문제도 큰 거죠.

지금의 테크놀러지는 공동체와 개인을 동시에 추구할 수 있는 토대를 제공해 주는 것일 수도 있습니다. 이런 테크놀러지적 기반에서 만들어지는 독특한 문화 현상은 이전에는 불가능했던 지점까지 인간의 삶을 끌어올릴 수도 있다는 생각입니다.

공동체와 개인 사이에서의 양자택일적인 태도보다는 단순 절충이 아닌 역동적 균형의 방법이 있다면, 그리고 그것이 테크놀러지에 의해 뒷받침되고 있다면, 남은 것은 어떻게 활용하느냐 하는 문제라고 봅니다.

'리얼타임 온 디맨드'나 '관찰과 몰입의 병행' 또는 '일상과 비일상의 만남' 같은 형태는 콘텐츠가 콘텐츠의 영역을 넘어서는 것을 의미할 수도 있습니다.

[주]

27) 진정한 맞춤형 실시간 콘텐츠는 실사에서 출발할 거라고 생각할지 모르겠습니다만, 제대로 된 실시간 제어는 오직 3D 그래픽에서 시작됩니다. 여기서 3D는 지금 할리우드에서 시작된 입체 열풍의 그 3D가 아닙니다. 기존의 2D – 3D 제작 공정상의, 재료적인 구분을 무시하고 새로 감상자의 입장에서 입체냐 아니냐를 놓고 2D – 3D를 구분하는 것은 일견 그럴 듯도 하지만, 문제는 할리우드을 비롯한 영상 제작 – 배급자들의 얄팍한 상술에 근거한 것이 아닌가 하는 의구심도 생깁니다. 그보다 더 근원적인 것은 2D – 3D 형식이 가지는 차이와 가능성마저도 경제적 목적으로 덮어버리는 것이 아닌가 하는 겁니다. 좀 더 비판적으로 명칭에 대해 생각해 봐야 한다고 봅니다.

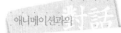

26 프랑스 만화와 일본 만화 그리고 한국

세계 애니메이션을 대표하는 두 나라가 미국과 일본이고, 세계 만화를 대표하는 두 나라는, 프랑스와 일본이라고 하셨지요. 이 두 나라의 만화 작품이나 경향에 공통점이나 차이가 있나요? 한국 만화의 가능성도 궁금합니다.

1830년대 유럽 자본주의의 여명기에, 봉건 왕조에 대항하기 위한 수단으로 부르조아와 프롤레탈리아가 연합해서 만든 신무기 중의 하나가 바로 만화였다고 합니다.

이보다 앞서 일본에는 가츠시카 호쿠사이라는 독특한 천재가 있었습니다. 에도 도쿄박물관은 2007년 개관 15주년 기념 특별전 〈호쿠사이 ─ 유럽을 매료시킨 일본의 화가〉라는 전시회를 개최했습니다.

가츠시카 호쿠사이(1760~1849)는 고흐, 모네를 비롯한 인상파 화가들,

서양 근대 회화에 큰 영향을 미쳤다고 알려진 수수께끼 같은 인물입니다. 고흐는 그의 그림 속에 호쿠사이의 작품을 그려 넣기도 했다죠. 2010년은 그가 태어난 지 250년 되는 해였습니다. 도쿄 오오타 기념 미술관에서 그와 그의 시대를 조망하는 전시회도 열렸고요.

십대 후반부터 그림을 배우기 시작했고, 삼라만상의 모든 것을 그림으로 남기기 위해 생애 3만 점이 넘는 작품을 남겼으며, 30번이나 호를 고치고 93번이나 이사를 다녔다는 우키요네의 천재 호쿠사이. 그가 일본 망가의 시작이었습니다. 망가라는 말도 그를 통해 만들어졌다고 하죠.

밀레니엄을 앞둔 1999년, 〈라이프〉라는 잡지에서는 1천년 동안 가장 중요한 공적을 남긴 세계의 인물 100명을 선정했는데, 일본인으로서는 유일하게 호쿠사이가 선정된 것도 그가 서구 사회에 남긴 지대한 영향을 말해줍니다.

그러나 본격적인 일본 만화의 시작은 유럽보다 다소 늦게, 유사한 형태로 출발했다고 보는 것이 일반적입니다. 그러나 일본은 전혀 다른 형태로 만화를 진화시켜 왔다고 볼 수 있습니다. 일본의 독특한 문화와 만화라는 새로운 형식의 만남은 스파크를 만들어내기에 충분한 내외적 조건을 가지고 있었다고 봅니다.

일본 문화에 정통한 분의 표현에 의하면 섬이라는 닫힌 환경에서, 들어오면 나가지 않는다는 특징, 다시 말하면 '오랜 시간의 축적, 숙성'이라는 일본의 특성이 만화라는 형식과 만나서 한 컷 한 컷의 퀄리티에 신경을 쓰는 단행본보다는 연재물 형태의 호흡 긴 만화 형식으로 변형되고, 그러다 보니 쉬운 그림과 쉬운 이야기, 쉬운 글들이 요구되었다는 겁니다.

이런 만화 형식은 글과 그림이 더 가까워지는, 독특한 특성을 만든 거죠.

16살에 데뷔하여 89년 타계까지 43년 동안 쉬지 않고 16만 매 이상의 원고를 그렸던 데스카 오사무는 일본 만화의 대부라 불릴 만하죠. 매일 그가 그렸던 원고의 양을 생각해보면, 재능도 재능이지만 그의 성실함을 상상하기도 어려울 정도입니다. 데스카 오사무는 디즈니의 추종자였습니다. 〈백설공주〉를 50회, 〈밤비〉를 80회 감상했다고 하니까요. 1년에 365편 이상 영화를 보기도 했고요.

데스카 오사무의 특징은, 둥근 선과 빠른 이야기 전개라고 합니다. 권선징악적 구도보다는 악한 사람도 선한 사람도 다양한 면을 가지고 있으며 오히려 차별의식이나 두려움, 비애감의 묘사 같은 리얼리티를 가지고 있었던 작가였습니다.

이후에 시라토 삼페이, 가지와라 잇키, 그리고 우리 나라에까지 유행했던 〈내일의 죠〉 치바 데쓰야 등의 시대가 열렸죠. 그러나 여기서 데스카 오사무의 위대함이 다시 한 번 발휘됩니다. 1971년 무시 프로덕션의 도산에도 그는 〈블랙잭〉으로 다시 부활했고, 데스카 만화공방을 통해서 〈베르사이유 장미〉의 미즈노 히데코나 같은 작가를 키워내기도 했습니다.

일본 회화와 만화의 두 거장, 데스카 오사무와 호쿠사이는 어쩐지 좀 닮아 있다는 생각도 듭니다.

아무튼 유럽 만화와 일본 만화의 출발은 유사했습니다. 프랑스와 일본, 두 나라의 만화가들은 자기들 정부와 정치, 부자와 힘 있는 자들을 풍자하고 모든 불평등하고 불합리한 상황을 타개하는 데 만화라는 형식이 얼마나 유용한지를 깨닫고 적극적으로 활용했던 겁니다. 우리 나라 만화의 출발도 크게 다르지 않았고요.

왜곡과 과장을 무기로 만화가 시대의 문제에 힘을 발휘했던 거네요.

시사풍자로서의 만화는 직관적으로 메시지를 전달할 수도 있고, 친근하고 쉬운 이미지를 통해 큰 문제를 가볍고 부드럽게 만들 수도 있고, 소위 탈바가지 효과[28]를 통해 독자로 하여금 자기 동일시하게 하는 힘도 가지고 있습니다. 시사만화에서 출발했던 두 나라는 서서히 영역을 확장하면서 전혀 다른 스타일의 만화 형식을 창조했습니다.

프랑스의 만화가는 사회의 지성입니다. 사람과 사물, 사회를 보는 눈이나 그것을 표현하는 글-그림 양면의 감성을 갖추는 것은 어떤 예술 영역 못지않은 재능과 노력을 요구하는 것이죠.

그런데, 이런 무게감 때문인지, 프랑스의 만화는 글과 그림의 상승효과보다는 글과 그림이 각자 갈 수 있는 극한치를 향해 가면서 최소한의 결합점을 지향하는 것처럼 보입니다. 특히 일본 만화와 비교한다면, 프랑스의 만화들은 그것을 분리해서 그림은 액자에 넣고, 글은 그대로 소설로 출판을 한다 해도 좋을 만큼의 각각의 완성도를 가지고 있다고 생각합니다.

스콧 맥클루드가 프랑스의 만화가와 함께 한국에서 심포지엄에 발표를 한 적이 있었죠. 그때 한국 학생이 "미국이나 유럽 만화는 왜 일본 만화에 비해서 재미가 없는가"라고 다소 도발적인 질문을 했죠.

함께 참석한 프랑스 만화가는 문화의 차이를 강조하더군요. 프랑스 사람에게는 프랑스 만화가, 한국 사람에게는 한국 만화가 (또는 일본 만화가) 아무래도 더 재미있지 않겠느냐는 거였죠.

그런데 스콧 맥클루드는 일본 만화가 미국이나 유럽 만화에 비해 재미있다고 긍정하면서 그 이유로, 글에 가까워진 그림, 그림에 가까워진 글에 대해서 설명했습니다.

프랑스 만화는 글과 그림, 각 소스의 역량을 살려주면서 융합하는 방향으로, 일본 만화는 글과 그림이 최대한 가까이에서 만나면서 일어나는 스파크에 좀 더 관심이 있는 듯 보입니다.

성완경의 〈세계만화탐사〉에는 프랑스 만화의 독특한 작품들과 만화를 보는 프랑스의 독특한 시각을 함께 만날 수 있습니다.

만화는 언어와 예술, 도덕성, 종교와 정치 등 제도 속의 블랙홀을 드러낸다. 프랑스에는 "만화가 먼저 원심운동을 하면 철학이 나중에 그것을 중심으로 추스른다."는 말도 있다. 그만큼 만화는 주류의 저 바깥쪽 먼 곳을 더듬는, 문예적 · 철학적 아방가르드이기도 하다. …… 이제는 만화를 예술로 규정짓는 일이 전혀 놀라운 일이 못 된다. 예술로서보다는 오히려 '새로운 언어'로서 만화를 주목하는 것이 필요한 시대로 접어들고 있다.[29]

보다 컨버전스적인 일본 만화와 보다 다이버전스적인 프랑스 만화가 상호 영향을 주고 받는 것을 바라보는 것은 또하나의 즐거움입니다. 한국 만화의 흐름과 가능성은 어떻습니까?

박인하 교수는 전쟁 이후 한국 만화의 주류 흐름을 요약해서 60년대 만화방, 70년대 신문 잡지, 80년대 만화방 어린이 잡지, 90년대 일본식 주간지 시스템, 90년대 후반 대여점 시스템, 2000년대 에듀테인먼트와 온라인(디지털) 만화 형식으로 분류하고 디지털 만화기술로 ① 뷰어형 ② 웹툰 ③ 스크롤 만화 ④ 플래시 만화를 꼽습니다.

애니메이션도 그런 측면이 있지만, 한국 만화 역시 비교적 빨리 새로운 매체에 적응하는 모습을 보여주고 있습니다. 웹툰, 플래시만화, 웹투니메이션 등 활발한 연접 활동을 벌여가고 있는 중이죠.
2003년 앙굴렘 국제만화페스티벌에서 한국의 만화는 서구 사회에 공식 데뷔할 수 있었습니다. 세계 최대 규모의 만화축제에서 한국이 주빈국으로 초청되었고, 이를 통해서 한국 만화가 더 이상 일본 망가의 아류가 아님을 알린 것이었죠. 프랑스의 사전에도 '망가'라는 표현 이외에 '만화'라는 한국 만화를 지칭하는 표현이 올랐다는 말도 들었습니다.

일본과 미국에 이어 세 번째 주빈국으로 초청된 한국은 〈한국 만화의 역동성〉이라는 주제로 〈한국 만화의 역사전〉, 〈오늘의 만화−19인의 작가들〉, 〈모바일 만화전〉, 〈대학생 만화전〉 등의 전시를 개최했습니다. 〈만화의 욕망관〉에는 양영순·윤태호·이유정·권가야·박흥용, 〈일상의 발견관〉에는 박희정·이강주·이우일·고경일·홍승우·최호철, 〈새로운 감수성관〉에는 이향우·최인선·정연식·이애림·아이완·변병준·스노우켓·곽상원·석정현 등이 참여했습니다. 한국의 젊은 작가들은 일본 망가와는 차별화된, 한국 만화의 독특성을 보여주었습니다.

2007년에는 박경은 작가가 앙굴렘 국제만화페스티벌의 영 탈렌츠 분야에서 대상을 받았습니다. 그가 프랑스에 유학 중이어서인지 언론을 통해 많이 알려지지는 않았지만, 여러 건의 안시에서의 애니메이션 분야 활약에 이은 한국 만화계의 쾌거였지요. 최근에 만난 박경은 작가를 통해서, 프랑스에서는 한국 만화 위상이 상당히 높아져 있다는 것을 확인할 수 있었습니다. 기쁜 일입니다.

[주]

28) 스콧 맥클루드 · 김낙호 옮김, 『만화의 이해』, 비즈앤비즈, 2008.
29) 성완경, 『세계만화탐사』, 생각의 나무, 2001.

27 일본 만화와 애니메이션이
보여준 스파크

한국 만화의 선전에도 박수와 큰 기대감을 함께 보냅니다. 글과 그림의 스파크에 대해서 말씀하셨죠. 글과 그림을 잘 만나게 하기 위해 일본 만화가 보여준 노력과 그 결과로서의 스파크는 어떤 것이었나요. 애니메이션과도 관련이 있을 듯합니다.

파울 클레는 "예술은 보이는 것을 재생하는 것이 아니라, 오히려 보이게 만드는 것이다."라고 했습니다.

　일본 만화는 말풍선, 기호, 펜 터치 등 다양한 방법을 동원하여 보이지 않는 세계를 묘사하려 노력해 왔습니다. 사람의 감정이나 느낌, 사람 사이의 관계, 시간의 흐름, 빛과 소리, 사물의 상태 등을 다양한 방법으로 표현한 거죠. 말풍선은 칸과 함께 만화에서 가장 중요한 도구라고 볼 수 있습니다.

　말풍선의 사용에 있어서도 일본 만화는 말풍선의 모양, 위치, 크기, 말풍선과 말풍선의 배치, 말풍선의 안과 밖 등 다양한 기준을 가지고 감정이나 상황, 보이지 않는 세계를 묘사합니다. 또 일본 만화에서 칸과 칸을 연결하는 방식은 일반적인 패턴과는 다소 다른 양상입니다.

〈만화의 창작〉에서 스콧 맥클루드는 만화의 칸과 칸 사이 전환 방식을 여섯 가지[30]로 분류합니다.

1. **순간 이동** : 일련의 순간을 통해서 하나의 동작을 묘사
2. **동작 간 이동** : 하나의 주체가 하는 일련의 행동을 묘사
3. **소재 간 이동** : 하나의 장면 안에서 변동되는 일련의 소재들을 묘사
4. **장면 간 이동** : 상당한 거리나 시간 사이의 전환
5. **양상 간 이동** : 한 가지 관점의 장소, 생각 또는 분위기에서 다른 것으로 이동
6. **무관계 이동** : 보기에 서로 관계가 없어 보이는 그림/글의 연속

대부분의 만화에서 2, 3, 4의 이동방식을 주로 채택하는 반면, 일본 만화에서는 유형 5의 양상 간 이동을 자주 쓴다고 합니다. 일반적으로 방대한 분량의 일본 만화의 특성상 느린 전개가 당연하기도 하지만, 보다 근원적인 차이를 그는 지적합니다. 바로 '간격의 예술'이라는 특징입니다. 드러난 요소뿐 아니라 생략된 요소들도 마찬가지로 작품의 일부라는 동양 미술의 특징에서 기인한 거죠.[31]

〈스피릿The Spirit〉의 작가 윌 아이스너Will Eisner는 『그림을 잘 엮으면 만화가 된다』라는 책을 냈고, 글과 그림의 관계에 대해서 주목했습니다. 글

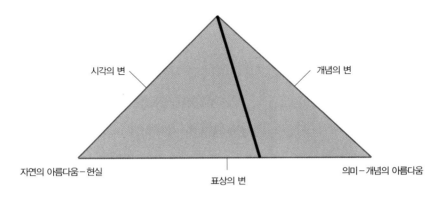

시각의 변   개념의 변

자연의 아름다움 – 현실   표상의 변   의미 – 개념의 아름다움

예술 자체의 아름다움 – 그림 도형

과 그림의 만남의 결과는 스콧 맥클루드의 피라미드[32]를 통해서도 확인할 수 있습니다. 이것이 바로 만화의 스펙트럼이라 할 수 있겠습니다.

왼쪽 꼭지점인 현실의 끝에는 그림이 있고 오른쪽 꼭지점인 의미의 끝에는 글이 있습니다. 그리고 위쪽 꼭지점인 그림 도형의 끝에는 추상이 있습니다. 이 피라미드로 그는 수많은 만화들을 분류하고 분석하는 기준을 삼죠.

현실의 끝에 사진·만화가, 중앙선 왼쪽의 끝에 스누피 등이 있고, 위쪽 꼭지점 부근에 메리 플래너의 추상화된 캐릭터가 있는 식으로요. 심지어 중앙의 언어경계선 너머 의미 쪽에도 회사 로고, 타이틀 로고, 음향 효과, 소리화된 글 등을 배치시킵니다.

그리고 그는 글과 그림이 만나는 방식을 일곱 가지로 구분했습니다.

글이 이끌어가는 글중심 결합, 그림이 이끌어가는 그림중심 결합, 글과 그림이 같은 내용을 전달하는 이중결합, 글과 그림이 같이 작동하면서 동시에 독립적으로 정보를 전달하는 교차결합, 글과 그림이 같이 결합해서 하나만으로는 전달하지 못했을 내용을 전달하는 상호의존 결합, 글과 그림이 일견 서로 교차하지 않고 서로 다른 내용을 전달하는 병렬결합, 글과 그림이 그림요소로 결합하는 몽타쥬 결합입니다.[33]

미국 만화가로서 망가에 깊이 심취했던 스콧 맥클루드는 망가의 힘에 대해서 다음과 같이 분석합니다.

독자들이 스스로 의미를 부여해야 하는 아이콘적 얼굴이나 시각적 원형이든, 독자를 조용히 탐험하도록 만들어서 독자를 장면 안에 넣어주는 환경 묘사든, 평범한 독자들의 실제 생활 경험과 관심사를 직접 연동시켜주는 방식이든, 독자들을 정서적으로 움직이고 움직임에 동참시키는 그래픽적 도구든 이 모든 기법은 독자 참여의 느낌을 증폭시킵니다. 이야기를 멀리서 목격하는 것이 아니라 일부가 되도록 하죠. (중략) 이것이 바로 현지에서 '망가'의 인기를 이끌었다고 보았습니다. 그리고 잠재적으로는 앞으로 북미 지역에서도.[34]

애니메이션의 사정도 비슷합니다.

일본 만화 〈그 남자와 그 여자의 사정〉은 가이낙스에 의해 애니메이션으로 만들어지면서 만화에 사용된 텍스트와 기호들, 스틸 이미지에 의한 표현의 강조 등 많은 부분을 실험적으로 활용했습니다. 결과적으로 원작의 재미를 오히려 강화한 독특하고 재미있는 애니메이션이 탄생되었죠.

우리 나라에서 처음으로 대학에서 만화를 가르치기 시작했을 때, 학과의 이름은 '만화예술과'였습니다. 그것이 또 상당한 논쟁을 불러 일으켰죠. 만화가 예술인가, 어떻게 감히 '만화' 같은 장난스럽고 조잡한 것에 고귀한 '예술'이라는 칭호를 붙이는가 하는 거였죠.

상당 기간 유행처럼 논의되었던 이 문제는 지금은 거의 잊혀져버린 주제입니다. 뭔가 결론이 나서라기보다는 더 이상 의미가 없어졌다고 할까요. 상아탑의 권위를 훼손시킬 것 같았던 만화라는 학문 또는 예술 영역이 산업적으로 중요한 의미를 가지게 된 것도 있고, 그보다 더 급진적이고 더 말초적인 영역들이 늘어나기도 했고요.

어쨌든, 글은 예술이 될 수 있고, 그림 또한 예술이 될 수 있지만, 글과 그림을 함께 두는 건 왠지 경박하다는 느낌은 적어도 프랑스나 유럽 계통의 만화를 본 후의 반응이라기보다는, 주로 일본 만화에 대한 인상이었을 겁니다. 그런데, 너무나도 경박해서 예술이 되기 어려웠던 그 일본 만화-망가가, 이제는 프랑스나 미국의 전문가들을 통해 문화적으로도, 산업적으로 재평가를 받을 수 있는 상황이 되어버린 겁니다.

지금은 문화적 자존심이 충만한 프랑스에서도 잘 팔리는 만화의 상당수는 일본 만화입니다. 일본 애니메이션도 유럽에서 이미 매니아 층의 인기를 넘어서고 있다고 보여집니다.

일본은, 참 독특하게 만화-애니메이션 영역을 개척해 왔다는 생각이 드네요. 일본 만화, 애니메이션의 가장 큰 동력은 뭐라고 생각하세요.

한 마디로 답하기는 어렵습니다. 그런 식의 물음에 대해서 정말 독특하고 난감한 그들 식의 대답이 있기는 합니다.

"우리에게는 데스카 오사무가 있잖아."

데스카 오사무는 그만큼 일본 만화와 애니메이션에서 차지하는 비중이 큽니다. 데스카 오사무는 본래 만화가였지만, 의미로만 본다면 애니메이션에 끼친 역할이 더 크다고 볼 수도 있겠습니다.

그는 일본 최초의 TV 시리즈 애니메이션 〈아톰〉을 만들었고, 일본 애니메이션의 기법적 전형이라고 볼 수 있는 '리미티드 애니메이션Limited Animation 기법'을 정리했기 때문입니다. 리미티드 기법은 그 동기야 어찌 되었던 간에 단지 '저예산에 적합한 방식'이라고 치부하기에는 대단히 의미 있는 실험이라고 볼 수 있습니다.

실사와 비실사간의 움직임 및 연출, 사운드 활용 등 전반에 대해 디즈니의 풀-프레임 애니메이션이 실사 스타일을 활용했다면, 결과적으로 리미티드 애니메이션 기법은 비실사 스타일로서의 애니메이션의 특성에 좀 더 집중하고 있습니다.

프레임을 줄인다는 측면에서 애니메이션의 특성으로서의 '의도적 타이밍'을 강화하며, 캐릭터의 움직임을 한두 캐릭터에 집중한다는 측면에서 오히려 작품에의 몰입감을 높일 수 있고, 정지 화면의 사용도 연출의 스타일에 따라 적극 활용하면서 애니메이션의 기법적 특성을 확장한다는 면도 있는 거죠.

연구가 충분치는 않지만 다른 측면에서, 일본이 만화 애니메이션의 강국이 될 수 있었던 배경으로 개인적으로는 판타지와 리얼리티에 대한 대중의 기호에 대해서도 관심을 가지고 있습니다. 일본은 실사 영화보다 애니메이션 영화가 강세를 띠고 있고 전체 출판의 비율에서 만화가 차지하는 분량과 비중이 상당합니다. 이웃한 나라이기는 하지만 우리가 애니메이션보다는 드라마와 영화에서 강세를 보이고 대중들도 주로 이런 영역을 선호하는 것이 단지 경제적인 이유나, 제작된 작품의 수준에 의한 것이라고 하기에는 충분치 않아 보입니다.

일본과 한국이 어떤 역사적, 사회적 배경 속에서 그런 토양이 가능했던 것 아닌가 하는 생각도 해 보자는 거죠.

[주]

30) 스콧 맥클루드 지음 · 김낙호 옮김, 『만화의 창작』, 2008, 비즈앤비즈, p.15.

31) 스콧 맥클루드 지음 · 김낙호 옮김, 『만화의 이해』, p.90.

32) 위의 책, pp.60~61.

33) 스콧 맥클루드 지음 · 김낙호 옮김, 『만화의 창작』, 비즈앤비즈, 2008. p.130.

34) 위의 책, p.217.

28 만화가 애니메이션이 될 때 어떤 일이 일어나는가

특히 일본에서 원작만화가 애니메이션으로 제작되는 사례가 많은 것처럼 보입니다. 만화가 애니메이션이 될 때 어떤 변화가 일어나는 건가요?

일반적으로 만화는 인쇄물, 애니메이션은 영상물이라는 기본 특성 이외에도 만화와 애니메이션은 많은 부분을 공유하고 있고 또 서로 다르기도 합니다. 우선 만화는 공간 위에서 시간을 표현하고 애니메이션은 시간 위에서 공간을 표현합니다.

일본에서는 특히 원작 만화를 애니메이션으로 변환하는 사례가 많습니다. 그 중 두 가지 사례를 놓고 만화와 애니메이션의 관계를 생각해 보기로 하죠. 바로 〈보노보노〉와 〈그 남자와 그 여자의 사정〉입니다.

이가라시 미키오 원작의 만화 〈보노보노〉는 '竹書房' 출판사에서 1986 년부터 연재하기 시작하였습니다. 주인공 아기 해달 보노보노는 아버지와

애니메이션 〈보노보노〉　　　　애니메이션 〈그 남자와 그 여자의 사정〉

함께 바닷가에서 살고 있습니다. 보노보노의 친구로는 항상 따돌림 당하는 다람쥐인 포로리, 보노보노와 포로리를 구박하면서도 항상 같이 다니는 너부리가 있죠.

만화 원작 〈보노보노〉를 보면 보노보노는 사소한 일상에도 심사숙고하는 습관이 있어서 가끔 놀라운 철학적 질문－마치 선문답과도 같은－을 던지고 항상 무시하고 약간 경솔한 너부리와 언제나 진지한 야옹이형 등의 도움으로 놀라운 위트의 답을 만들어냅니다.

예를 들면, 이런 식이죠.

'왜 모두들 집에서 살까'를 궁금해 하는 보노보노에게 왜 집에서 사는지를 가르쳐 주는 과정이라든지, 불이라는 걸 한번도 본 적이 없는 보노보노에게 불에 대해서 말로 설명하는 어려운 과정을 묘사한다든지, 만화 〈보노보노〉는 당연한 것을 묻고 상식적이지 않게 답을 만들어 갑니다.

〈보노보노〉 애니메이션은 TV에서 약 1년 가량 방영되었고 이 작품들은 만화 원작이 보여주듯이 결코 가볍지 않은 주제와 재미있는 에피소드와 말투, 행동 등으로 아이부터 어른까지 폭넓은 독자층을 형성하고 있습니다.

재미있게도 만화 작가는 5세 때 신의 계시로 만화가가 될 것을 결심했다고 합니다. 24살에 데뷔를 하고 32살 되던 해, 2년간의 절필 끝에 〈보노보노〉를 탄생시켰다고 하지요. 이 작품은 심각하고 진지한, 아무튼 별로 재미있지 않은 일상의 이야기, 교훈들을 어떻게 재미있게 포장할 수 있는가 하는 적절한 방법론을 제시하는 듯합니다.

보노보노의 주제가를 들어보시죠.

그날그날이 너무나 따분해서 언제나 재미없는 일뿐이야

사랑을 해보아도 놀이를 해봐도 어쩐지 앞날이 안 보이지 뭐야

아아- 기적이 일어나서 금방 마법처럼 행복이 찾아오면 얼마나 좋을까

이따금은 지름길로 가고파 그럼 안될까 고생은 싫어 그치만- 으흠- 어쩔 수 없지 뭐,

어디론가 지름길로 가고파 그럼 안 될까 상식이라는 걸 누가 정한거야 정말로 진짜, 으흠 으으흠-

그렇지만 〈보노보노〉를 보면서 느껴지는 것은 역시 만화를 애니메이션으로 만들면서 타겟 연령층이 낮아져 너무 슬랩스틱 코미디 같은 느낌이 되었다는 겁니다. 이것은 만화와 애니메이션의 장르적 특성과도 관련이

없지는 않지만요. 오히려 애니메이션 〈보노보노〉에서 너부리의 차고 때리고 밟고 목조르고 하는 장면이 전체적인 몰입을 방해한다는 생각이 들 정도에요.

만화 〈아기공룡 둘리〉의 맛깔 나는 대사의 느낌이 애니메이션 〈둘리〉에서는 아쉬웠던 것처럼요.

〈그 남자와 그 여자의 사정〉은 〈신세기 에반게리온〉을 만든 가이낙스에서 기획·제작한 작품으로 순정 장르로서는 보기 드물게 많은 남성 팬을 확보했던 작품입니다. 이 작품은 국내에서는 투니버스에서 〈그 남자 그 여자〉로, KBS에서는 〈비밀일기〉로 방영된 바 있고요.

이 작품의 특징은 한마디로 내숭에 허영으로 똘똘 뭉친 주인공 캐릭터의 성공적인 묘사에 힘입은 바 큽니다. 형식적으로는 만화의 기호와 텍스트를 그대로 활용한 점을 들 수 있겠습니다. 만화와 비교해 보면, 내용을 충실히 따르면서 거의 만화에 나오는 기호와 텍스트 하나하나를 옮겨왔고, 오히려 이러한 전폭적인 만화적 기법의 사용이 대단히 참신하게 애니메이션을 돋보이게 했다는 느낌을 받게 됩니다.

특히 〈그 남자와 그 여자의 사정〉의 경우에는 시나리오보다는 캐릭터 자체의 탄탄하고 개성적인 설정과 이에 따르는 에피소드 중심으로 이야기가 진행됩니다. 이런 경우에 특히 캐릭터의 심리상태와 표정, 동작을 돋보이게 하는 기호의 활용은 캐릭터 중심의 애니메이션에 활용된 성공적 사례라고 할 수 있습니다. 특히 만화에 뿌리를 둔 한·중·일 중심권의 애니메

비교 항목	그 남자와 그 여자의 사정	보노보노
감독/작가	안노 히데야끼 / 츠다 마사미	난바 히토시 / 이가라시미키
공통점	만화 원작을 애니메이션으로 시도한 작품들로 캐릭터성이 강한 원작들에서 출발함.	
차이점	– 극화형식의 원작 – 기호와 텍스트를 과감히 사용 – 만화의 흐름과 호흡을 그대로 차용	– 네 컷 만화 스타일의 연작 원작 – 별도의 이야기 구성 – 다소 호흡이 느리고 에피소드 추가
성과/결과	기호와 텍스트를 적극적으로 사용함에 따라 만화적 강점이 살아나고 이것이 애니메이션의 역동성과 조화됨. 순정만화 장르임에도 많은 남성팬 확보	만화의 사색적이고 철학적인 내용들이 다소 아동용으로 변형되었으나 여전히 남녀노소의 폭넓은 팬층 확보

이션이 보여줄 수 있는 스타일의 하나죠.

만화와 애니메이션은 발상의 자유로움과 시공간의 물리법칙에 구애받지 않는 표현, 과장된 표정–동작이나 판타지로의 자유로운 순간 이동 등 많은 뿌리를 공유하고 있습니다.

그러나 만화를 애니메이션으로 전환할 때는 몇 가지 스타일이 구분될 수 있을 것 같네요.

〈보노보노〉 원작 만화에서 보이는 철학적이고 난해한 요소보다는 슬랩스틱과 반복적인 유머를 통해 쉽고 빠르게 전달하려는 경향이 있습니다.

이에 비해 〈그 남자와 그 여자의 사정〉에서는 만화의 전유물이라 여겨지는 기호와 텍스트를 적극적으로 애니메이션에 사용하면서 만화의 강점을 그대로 옮겨오고, 스틸이미지의 과감한 사용에 따라 만화적 호흡을 유지하는 방법을 취합니다. 애니메이션의 역동적 표현과 어우러진 기호와 텍스트, 스틸 이미지들이 묘한 균형을 만들어 주는 식입니다.

29 한국 애니메이션의 위상

한국 애니메이션은 어떻습니까?

몇 년 전 중국에서 있었던 애니메이션 심포지엄에서 북경의 애니메이션 회사 CEO가 이런 발표를 하더군요.

"애니메이션 분야에서 세계적으로 성공한 3대 강국이 있다. 바로 미국, 일본, 그리고 한국이다. 이들의 성공 전략은 각각 달랐다. 미국은 대大, 일본은 소小, 한국은 신新이다. 미국은 주로 대자본, 대규모 인력, 극장 장편 애니메이션에서 두각을 나타내고 있다. 이에 비하면 일본은 리미티드 애니메이션이라는 특성에서도 보이듯이 적은 자본을 들여 리스크를 최소화하면서 주로 TV 시리즈를 중심으로 세계적인 성공작을 만들어냈다.

한국은 새로움을 통해서 차별화에 성공했다. 인터넷 애니메이션 분야에서 최초로, 또 거의 유일하게 성공을 거둔 사례도 한국에서 나왔다. 새로운 매체에 도전하고 새로운 기술을 개발하고, 새로운 타겟을 개발한다."

상당히 재미있는 분석이었습니다. 새로운 매체에 도전한다는 것은 〈마시마로〉나 〈뿌까〉 같은 인터넷으로 출발한 성공 사례를 만들어낸 것을 말하는 것이고, 새로운 기술은 〈원더풀 데이즈〉처럼 2D, 3D, 미니어쳐를 모두 융합한 방식을 개발해 낸다든가, 〈디보〉처럼 천 재질을 구현하는데 새로운 기법을 개발해서 독특한 느낌을 만들어내는 것들을 가리킨 것이겠죠. 〈원더풀 데이즈〉는 기획단계부터 이런 새로운 융합방식의 퀄리티를 높이면서 세계적인 주목을 받았고, 〈디보〉도 디즈니를 비롯한 여러 제작사들의 합작 제의를 받은 것으로 알고 있습니다.

새로운 타겟을 개발하는 측면에서도 한국은 〈뽀롱뽀롱 뽀로로〉와 같은 성공적인 작품을 만들어 세계 100여 개 나라에 진출했는데, 이 특별한 성공에는 여러 가지 배경이 있겠지만, 가장 중요한 것이 바로 새로운 타겟, 즉 5세 전후의 미취학 아동을 대상으로 하는 애니메이션을 개발한 것이라고 볼 수 있습니다.

요약하면, 지금 한국 애니메이션의 특성은 새로운 기술로, 새로운 매체에, 새로운 타겟을 향해, 새로운 세대가 만들어가고 있습니다.

정말 한국이 세계 3대 애니메이션 강국의 하나라면 대단한 일이군요. 객관적으로도 입증된 사실인가요?

제가 보기에는 중국의 입장에서 한국을 바라보는 특수상황이라고 보는 편이 맞겠죠. 역사로 보나 제작 환경으로 보나 우리보다 유리한 입장에 있는 많은 나라들이 있는 게 사실입니다.

실제로 한국이 객관적으로 애니메이션 분야의 3대 강국으로 인정받기에는 어렵다고 보지만, 적어도 여러 가지 기준을 통해서 한국 애니메이션이 상당한 수준에 올라와 있는 것은 확실합니다. 더구나 그 성공이 제법 척박한 토양에서 키워온 것이라는 것은 확실하고요.

다른 한편으로 사실상 세계적으로 영화를 만드는 나라는 많지만, 어느 수준 이상의 애니메이션 작품을 상업과 독립 영역에서 지속적으로 만들고 있는 나라는 많지 않습니다.

예를 들면 인도는, 할리우드보다 영화를 더 많이 만든다고 하는데도, 인도 애니메이션 작품을 상업-독립 영역에서 만나기는 상당히 어렵습니다. 태국이 그렇고, 홍콩도 마찬가지입니다. 특히 한국에는 1990년 이래 약 150개 가량의 만화-애니메이션 관련 대학이 생겼고, 최근에는 특히 학생들의 독립-상업 양쪽 영역의 활약이 두드러지게 나타나고 있습니다.

국내에서 비교적 성공한 작품들에는 관련 대학 전공자들의 주도적 역할이 있었습니다.

여기에는 졸업생뿐 아니라 재학생들의 참여도 다수 포함되어 있습니다. 최근에는 많은 애니메이션 대학들 내에 프로덕션이 설립되어, 더 이상 학생들이 산업예비군이라 불리기를 거부하고 있습니다.

그 외에 애니메이션 강국을 들어보면, 우선 프랑스, 영국 등 서유럽 국가들을 들 수 있겠죠. 최근에는 상업용 장편 애니메이션에서도 미국의 전 세계 점유율을 위협할 만큼 성장했고, 최근 할리우드 메이져 애니메이션 스튜디오들이 벤쿠버 등 캐나다의 여러 도시들로 상당 부분 옮겨 가고 있습니다. 할리우드의 30%가 이미 유럽과 캐나다로 빠져 나갔다고도 합니다.

아직은 세제 혜택이나 임금 수준에 의존하는 부분이 있다고 하지만 큰 지형의 변화임을 부인하기는 어렵고, 러시아를 포함한 동구권의 여러 나라들도 특히 독립 애니메이션, 예술 애니메이션 영역에서는 세계 최고 수준을 여전히 보여주고 있기도 합니다. 물론, 이런 얘기를 한 중국도 애니메이션 물량에서는 거의 세계 최대 규모일 뿐 아니라 중국을 제외한 전 세계에서 만든 창작 애니메이션 물량과 맞먹을 정도의 작품을 제작하고 있습니다.

어떤 기준으로 보느냐에 따라 상당히 다를 수 있겠지만, 3대 강국이라는 표현이 전혀 근거 없이 듣기 좋으라고 한 얘기인 것은 아니라고 생각됩니다.

어쨌든 놀랍습니다. 제가 알고 있기로는 한국 애니메이션의 역사가 그다지 깊지도 않을 텐데요. 그리고 대-소-신이라는 구분도 재미있네요. 애니메이션 분야에 새로운 삼국지가 쓰여질 수도 있겠습니다. 하하~

한국 애니메이션의 역사는, 반세기에 불과합니다. 더구나 전쟁 이후의 피폐한 상황에서 시작된 것이어서 그 열악함은 이루 말할 수 없었죠.

대-소-신의 구분은 말씀하신 대로 상당히 신선했습니다. 그래서 그 CEO의 다음 순서로 발제를 하면서 중국 애니메이션에 대해 '합슴'이라는 목표를 가졌으면 좋겠다고 말했지요. 어떤 의미에서 중국은 합슴보다는 분리의 역사고, 분파의 역사라고도 볼 수 있습니다만, 중국이 새로운 융복합의 시대에 바로 이런 합슴의 역량을 발휘할 수 있다면 다시 한 번 중국 애니메이션의 영광을 재현할 수도 있을 거라고 생각합니다.

우리 나라도 마찬가지입니다. 새로움의 단계를 거쳐 제대로 된 융합의 수준으로 올라서야 한다고 봅니다. 융합의 근거와 방법은 이미 애니메이션의 본질적 특성을 통해서 확인할 수 있었고요.

30 중국 애니메이션의 화려한 시절

중국 애니메이션에도 화려한 세월이 있었군요. 잘 몰랐습니다. 어느 시절, 어떤 작품들인지 말씀해 주시면 좋겠습니다.

일반적으로 1960년 전후, 정확히 말하면 1959년부터 1965년까지의 시기를 중국 애니메이션의 황금기라고 보고 있습니다.

이 시기에 활동했던 가장 대표적인 인물은 터웨이입니다. 2010년 돌아가셨죠. 아흔을 훨씬 넘긴 나이였고요. 대표적인 작품으로는 1963년 〈목동의 피리[牧笛]〉와 1988년〈산수정山水情〉을 들 수 있습니다.

터웨이 감독은 초대 중국동화학회 회장을 역임하면서 특히 중국적 애니메이션, 구체적으로는 수묵 애니메이션 기법을 개발한 것으로 유명합니다. 그런데, 그의 작품 계보에는 약 25년 가량의 갭이 있습니다. 1963년, 세계를 놀라게 했던 〈목동의 피리[牧笛]〉 이후에 오랜 세월의 공백, 그것이 바로 중국 애니메이션사의 비극입니다.

중국 애니메이션의 황금기는 1966년의 문화대혁명을 통해서 커다란 단절을 겪게 됩니다. '지식인에게도 노동의 경험이 필요하다'는 구호로 시작된 엄청난 폭풍은 중국 애니메이션에 있어서는 거의 반세기가 지나가는 지금의 중국에도 씻기 어려운 상처로 남아 있습니다.

터웨이 감독의 경우에도, 애니메이션이 퇴폐적인 예술이라는 오명을 안고 '하방下放[35]'이라고 하는 노동 현장으로 퇴출을 당하게 됩니다. 복귀작이라고 할 수 있는 88년의 〈산수정山水情〉도 물론 훌륭하기는 하지만 개인적으로 전작을 넘어설 만한 작품인가에 대해서는 아쉬움이 있습니다.

그런데, 한중일 애니메이션의 역사에 잘 드러나지 않은 비사秘史가 있습니다.

1960년대 나란히 한·중·일 애니메이션의 심볼이라고 할 수 있는 신동헌－터웨이－데스카 오사무 감독의 친분입니다. 이 세 분의 작품 경향은 사실 상당히 다릅니다.

한·중·일 애니메이션을 대표하는 세 분이 나누었던 우정은 지금 우리에게도 상당한 상징적 의미가 있을 듯합니다.

신동헌 감독은 1950년대 중반 이래 10년 동안의 TV 광고 애니메이션의 전성시대를 이끌었고, 마침내 이루 말할 수 없는 어려움을 겪으면서 1967

비교 항목	신동헌 /한국	터웨이 /중국	데스카 오사무 /일본
약력	1927년 생 1967 〈홍길동〉, 〈호피와 차돌바위〉 1990년대 〈둘리〉 등 참여	1915년 생 1935 만화가로 데뷔 1957〈상해미술전영제편창〉 설립 1963 〈목적〉 1988 〈산수정〉 등	1926년 생 오사까대 의학박사 1963 〈Astro Boy〉 1970 무시 프로덕션 설립
공통점	한·중·일 삼국의 독특한 스타일의 창안자이자 각 애니메이션계의 대부, 원로격.		
특징	두 장편 제작 이후 애니메이션 활동 중단.	〈목적〉 이후 66년 문화혁명으로 노동현장으로	만화·애니메이션을 넘나드는 왕성한 활동.
애니의 역사	1950년대 시작(50년)	1920년대 시작(80년)	1910년대 시작(90년)
현재 위상	제작 물량 면에서 강국 창작 전환 활발 각종 국제영화제에서 두각	메인 시스템 구축 중. 저렴한 인건비와 큰 배급 시장을 토대로 주변 위협	미국과 함께 양대 강국, 특히 TV 분야 최강자

년의 한국 최초 장편 애니메이션 〈홍길동〉을 완성합니다. 이 작품의 흥행 실적은 지금도 거의 기념비적이라고 할 수 있지요.

데스카 오사무 감독은 이미 말씀드렸지만, 일본 만화·애니메이션계의 대부라고 할 수 있고, 1963년 최초의 일본 TV 시리즈 애니메이션 〈아톰〉을 만들었던 분이고요.

터웨이 감독은 1963년 수묵 애니메이션 기법을 창안하면서 〈목동의 피리[牧笛]〉라는 걸작 중편 애니메이션을 탄생시킨 분이죠.

이 세 분이 각각 극장 장편, TV 시리즈, 중편 독립 애니메이션이라는 영역은 달랐지만, 모두 그 시대를 대표하는 마스코트라고 할 수 있고, 또 어느 정도의 친분을 나누면서 작품 활동을 해 오셨던 것으로 알고 있습니다. 특히 데스카 오사무는 터웨이 감독과 그 작품을 너무 좋아했고, 그가 대표로 있는 상해 애니메이션 제작소에도 자주 들러 친분과 예술가로서의 영감을 나누는 시간을 가졌다고 합니다.

그런데, 지속적으로 재투자에 성공하면서 최대 만화·애니메이션 왕국의 지위를 가지게 된 일본과 달리 중국은 정치적인 이유로, 한국은 또 다른 이유로 단절을 겪게 되는 것도 역사의 아이러니라고 생각됩니다.

[주]

35) 중국 문화대혁명 시기, 정치인·지식인을 개조한다는 명분으로 농촌과 공장에 보내 노동을 하게 했던 정책. 부총리 겸 군사위 부주석이었던 등소평도 65세의 나이에 하방되어 노동자 생활을 했고, 최근 군사위 부주석에 올라 차기 지도자로 강력하게 부상하는 시진핑도 7년 동안 산시성 자허촌으로 하방된 경험을 가지고 있습니다.

31 한·중·일 애니메이션의 협력과 경쟁

한·중·일 애니메이션의 상생상극, 협력과 경쟁에 대한 상황과 가능성
은 어떻습니까?

일본은 1910년대, 중국은 1920년대, 한국은 1950년대 애니메이션 작업이
시작됩니다. 각각 90년, 80년, 50년 역사를 지니고 있습니다. 역사에 비하
면, 한국은 상당히 빠른 속도로 애니메이션계에서 자리매김을 했다고 볼
수 있죠.

특히 2000년 이후 국제 영화제에서의 선전(〈마리 이야기〉 2002 앙시 대상,
〈오세암〉 2004년 앙시 대상 등)과 〈뽀롱뽀롱 뽀로로〉, 〈뿌까〉 등 상업작품 – 독
립작품에 있어서 미국·일본에 뒤지지 않는 양적, 질적 우수성을 획득해
가고 있습니다. 중국은 긴 기간의 공백 끝에 상대적인 후발 주자로서 급속
도로 메인 프로덕션 체제를 갖추며 한국의 안정된 기술력과 일본의 기획력

등과의 결합을 희망하고 있는 상황입니다.

일본도, 2000년 이후 〈센과 치히로의 행방불명〉이나 〈하울의 움직이는 성〉의 기록적 흥행에 고무되기도 했으나 경기 침체와 상대적인 게임 산업의 약진으로 젊은 감독 층이 공동화되어 특히 한국에 많은 중간 인력을 요청하고 있으며 이미 많은 한국의 감독들이 일본에 진출해 있기도 합니다.

결과적으로 이 시기는 서로 다른 목적으로 중국과 일본이 한국에 손을 내밀고 있는 시기이며, 우리 입장에서는 이 시기를 잘 활용하고 적절한 포지셔닝으로 안정적 글로벌 협력 체제를 형성하는 것이 관건이라고 봅니다. 중국은 기획 경험이 상대적으로 부족하고 후발 분야로서 저렴한 인건비와 대규모 자체 배급시장을 토대로 기획 – 창작력을 강화하려는 목표를 가지고 있고, 일본은 인력 공동화가 일어나고 있지만 풍부한 기획력과 자본력, 그리고 안정된 자체 배급시장을 토대로 한중일 관계를 리드하려 하고 있습니다.

우리에게 강점은 양질 양면의 두터운 메인 인력과 창의력을 갖춘 개인, 그리고 최근 급속히 성장세를 타고 있는 IT 인프라를 강점으로 들 수 있습니다. 특히 향후 5년 전후에 구체적인 모습을 드러낼 컨버전스 – 유비쿼터스 환경의 도래는 우리에게 제작-패키징에 대한 기반을 중심으로 멀티 기획력을 강화하고 중국·일본의 요구와 우리의 필요성을 매칭시켜 나가는 것이 중요한 과제라고 볼 수 있습니다.

최근에는 아시아판 에라스무스 프로그램이라 해서 EU의 교육 네트워크 모델을 한중일에 적용하기도 하고 세 나라의 문화 관련 부처 수장들이 공동 협력을 협의하는 등 이슈들이 만들어지고 있다고 들었습니다.

한국 만화나 애니메이션에 있어서, 한중일의 협력은 대단히 중요한 이슈입니다. 좀 더 거시적으로 제가 생각하는 한국 애니메이션의 해법 또는 발전 방향은 크게 세 가지로 보고 있습니다. 세 가지 과제는 크리에이티비티, 컨버전스, 글로벌 네트워크이고요.

크리에이티비티는 콘텐츠의 생명력을 담보해주는 가장 핵심적인 요인으로 볼 수 있고, 컨버전스는 복합 체험과 새로움을 원하는 대중의 취향과

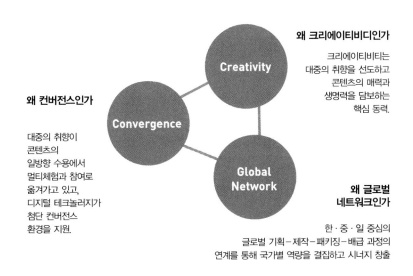

왜 크리에이티비디인가

크리에이티비티는 대중의 취향을 선도하고 콘텐츠의 매력과 생명력을 담보하는 핵심 동력.

왜 컨버전스인가

대중의 취향이 콘텐츠의 일방향 수용에서 멀티체험과 참여로 옮겨가고 있고, 디지털 테크놀러지가 첨단 컨버전스 환경을 지원.

Creativity

Convergence

Global Network

왜 글로벌 네트워크인가

한 · 중 · 일 중심의 글로벌 기획-제작-패키징-배급 과정의 연계를 통해 국가별 역량을 결집하고 시너지 창출

애니메이션의 본질에 근거해서 가장 필요한 요인으로 볼 수 있습니다.

글로벌 네트워크라는 측면에서 최근에는 한·중·일의 협력 필요성이 증대되고 있습니다. 특히 중국의 경우는 한국 애니메이션 입장에서는 최적의 파트너이고, 최대의 시장이면서 최고의 투자자이기도 합니다. 동시에 중국은 한국과의 협력을 강력하게 희망하고 있습니다.

교육 프로그램의 교류도 활발하게 진행되고 있습니다.

2010년 10월에 중국 호북성 우한시에서는 'We3 비엔날레' 행사가 열렸습니다. We3이란 우한 동아시아 3개국Wuhan East Asia 3 Countries 대학생 아트 비엔날레인데, 한·중·일의 애니메이션, 디자인, 테크놀러지의 잔치였습니다. 세 나라가 공유하는 문화와 특징적으로 발전시켜온 차이를 통해서 협력과 경쟁의 가능성을 찾는 컨퍼런스와 대학생들의 작품 전시, 영화제 등이 진행되었습니다.

뿐만 아니라, 그동안 한·중 합작 프로젝트가 없었던 것은 아니지만, 최근 더욱 활발하게 성공적으로 진행되는 사업들이 나타나고 있습니다. 워낙 글로벌을 염두에 두고 국내 대부분의 애니메이션이 진행되는 것이 사실이지만, 이제는 투자든, 공동 진행이든, 배급이든 중국을 염두에 두지 않는 프로젝트를 찾기 어려울 정도로 일반화되어 가고 있습니다.

앞서 얘기했던 한·중·일 행사 기간 동안에 중·일 관계가 민감해져서 우한지역에서도 반일 학생시위가 있었고 행사주최 측이 일본 측 게스트들의 안전에 촉각을 곤두세워야 하는 상황이 발생하기도 했습니다. 한국 입장으로서는 물론 조심스럽긴 하지만, 두 거인의 사이에서 동북아의 허브로서의 역할이 요청되고 있는 것은 사실입니다. 기회와 위기는 늘 동전의 양면처럼 붙어 다니나 봅니다.

32 동아시아가 공유한 문화, 수묵

수묵 전통은 단지 중국만의 것이라기보다는 동아시아가 공유해 온 중요한 문화형식의 하나라고 봅니다. 지금도 여전히 잘 이어져 내려오고 있나요?

1998년은 이래저래 수묵 애니메이션에 있어서 특별한 해였기도 합니다.

일본의 NHK는 Hi-Vision 방송 개시 기념으로 최초의 수묵 디지털 애니메이션 작품인 〈계산몽상도〉를 방영하였습니다. NHK 자체에서 제작한 것으로, 3차원으로 제작된 수묵화가 움직이는 독특한 체험을 선사했죠. 이후로 매해 시그래프에서는 〈Ode to Summer〉와 같이 이와 유사한 수묵 디지털 작품들이 쏟아지고 있습니다.

한편 미국의 디즈니에서는 다문화 정책에 따라 세계 곳곳의 주제와 소재, 기법을 디즈니 스타일로 녹여내는 시도가 계속되고 있었고, 그 해 1998

년 〈뮬란〉이 나왔습니다. 중국의 관련 인력들이 참여했다고는 하지만 그것은 디즈니의 애니메이션이었고, 어찌 보면 동양의 정신, 동양의 스타일을 그대로 빼앗긴 꼴이 되어버린 거죠.

아쉽게도, 한중일 삼국의 전통적 형식과 중국적 소재, 주제는 디즈니에 의해 가장 먼저 장편 애니메이션으로 만들어지게 된 셈입니다. 오프닝이나 애니메이션 중간에 삽입된 영상을 통해서 수묵 애니메이션에 대한 그들의 눈을 엿볼 수는 있었지만, 특별히 실험적인 기법적 시도는 크게 느껴지지 않았습니다.

그로부터 4년 후, 네딜란드의 마이클 두독 드 비트는 〈아버지와 딸〉을 발표하면서, 그 해 대부분의 국제 애니메이션 영화제, 영화제의 수상을 휩쓸었습니다. 그는 목탄 기법을 통해, 네딜란드의 아름다운 자연과 사람들, 그리고 그 사람들의 일상과 그리움을 잔잔한 원경의 화면에 담아냈죠.

그런데 수묵과는 전혀 관계없어 보이는 이 작가의 작품이 오히려, 〈뮬란〉이나 〈Ode to Summer〉보다도 더 충격적이었던 것은, 내용-소재-기법뿐 아니라, 수묵의 정신까지도 배어 있다는 느낌에서였습니다. 〈아버지와 딸〉이야말로, 수묵의 전통을 가장 충실하게 현대적으로 해석하고 계승한 작품이라고 한다면 지나친가요?

2004년, 시카프에는 중국의 감독 및 애니메이션 관련자들이 심포지엄에 참석하였습니다. 뜻밖에도 그들에게 쏟아지는 한국 참석자들의 질문은 수묵기법으로 집중되었습니다. 중국에서 수묵 애니메이션을 기획-제작하

비교 항목	뮬란	아버지와 딸
감독	1998년 토니 밴크레프트 / 배리 쿡	2002년 마이클 두독 드 비트
공통점	동양의 수묵적 형식에 대한 서구적 해석과 표현 또는 수묵의 정서에 대한 새로운 형식의 시도.	
의미	소재와 기법을 차용하면서 디즈니 스타일로 소화.	목탄이라는 기법을 활용했지만 다양한 수묵정서의 계승에서 오히려 가장 성공한 작품으로 보임.

려는 계획이 없는지 등의 질문에 한사코 그 감독은 '수묵은 여러 가지 중 하나의 기법일 뿐이다. 주제나 내용이 결정되고 그 내용이 수묵적 형식을 필요로 하는 것이라면 그때 수묵이라는 방식을 채택할 뿐' 이라고 대답했 었죠.

그러나 어찌 보면 최근 대중의 경향은 내용이나 메시지보다 기법이나 스타일에 매료되는 경우가 많고, 실제로 작품을 감상할 때 최초로 몰입되 는 순간은 기법이나 형식인 경우가 많기 때문에 반드시 그러한 자세가 맞 다고 보기도 어렵습니다. 특히 내용이나 메시지 못지않게 형식과 스타일에 민감한 한국 대중에게는 형식적 고민이 더 필요하다고 생각합니다.

한국 대중이 내용 못지않게 형식에 반응한다고 하셨는데, 애니메이션의 내용과 형식은 어떤 관련성을 가지고 있나요.

'형식'이라는 표현은 상당히 너른 영역에 걸쳐 사용됩니다. 일반적으로 말하는 스타일뿐 아니라 해당 콘텐츠의 어휘, 문법, 기법, 표현방식 등을 전반적으로 의미하기 때문이죠.

애니메이션의 내용은 주로 리얼리티와 판타지, 캐릭터와 스토리, 우연과 필연, 내러티브와 넌내러티브 사이의 역동적 균형이라고 했고, 형식은 주로 실사와 비실사의 이미지, 텍스트, 모션, 사운드, 연출 영역에서의 역동적 균형이라고 말했었죠.

애니메이션 향유자에게는 형식이 먼저 보이고, 내용이 파악됩니다. 그리고 형식은 내용을 담는 그릇으로서, 내용보다는 덜 중요한 취급을 받는 것이 일반적입니다.

그렇지만, 특별히 형식의 중요성이 대두되는 순간이 있죠.

먼저, 주제를 공유하는 경우입니다. 주제를 공유하는 '따로 또 같이' 프로젝트의 경우에는 내용보다는 형식, 제작 기법의 다양성이 우선되는 경우가 많습니다.

다음은, 미디어가 이슈화될 때입니다. 특히 요즘처럼 미디어의 변화가 빠르고, 특정 미디어 영역에서 콘텐츠에 대한 요구가 강화될 때는 내용, 주제보다는 형식, 스타일의 문제가 더 힘을 얻습니다. 특정 미디어는 특정 포맷, 기술적 포맷뿐 아니라 형식적 또는 내용적 포맷을 요구하는 경우가 많죠.

또, 어떤 특정 형식이 특정 내용을 담아내는 경우입니다. 예를 들면 수묵 애니메이션의 경우가 대표적이죠. 수묵 애니메이션이 일반적으로 담아내는 소재는 자연과 인간의 교감이 대표적입니다. 수묵화의 특성에 따른 것이죠. 형식이 내용을 규정합니다. 오히려 이런 특성을 역이용해서 수묵을 이용해 전혀 다른 내용을 담아내는 것도 하나의 아이디어가 될 수 있을 겁니다.

만화, 애니메이션, 영화, 게임 등의 영역을 구분할 때도, 내용을 가지고 구분하지는 않지요. 결국 제작 공정이나 기법, 주로는 형식에 의해서 규정합니다. 그러나 알게 모르게 내용이라는 측면에서 접근하는 경우도 많습니다.

예를 들면 어떤 영화가 '만화적이다'라고 하는 것은 적어도 칸과 칸 사이에서 일어나는 어떤 것이라는 형식이나 말풍선과 기호의 사용을 가지고 얘기하는 것은 아닐 겁니다. 만화의 상상력, 만화적 무위, 만화적 조롱과 같은 내용적 특성에 대한 표현이겠죠.

예술 영역을 구분하고 예술간 협력을 고려할 때 표현방식과 함께 표현영역, 표현과 함께 발상, 형식과 함께 내용이라는 측면도 지금보다는 더 비중 있게 다뤄져야 할 것이라고 봅니다.

33 한국 애니메이션의 역사

한국과 중국 애니메이션의 단절에 대해 잠깐 말씀하셨는데, 한국 애니메이션의 역사가 궁금합니다. 저도 어릴 적에 꽤 즐겨보던 애니메이션들이 많이 있었거든요.

한국 애니메이션의 역사는 다른 한국의 역사가 걸어왔듯이 단기간 복합적이고 압축적인 숨가쁜 길을 뛰다 넘어지고, 다시 일어나 뛰어온 세월입니다. 간단히 요약해 보죠.

50년대 : 국내 최초, TV 광고 애니메이션(57년 〈럭키치약〉)의 시작

60년대 : 국내 최초 극장 장편 애니메이션(67년 〈홍길동〉)의 시작

70년대 : 하청 애니메이션(삼성)의 시작

80년대 : TV 시리즈 애니메이션(〈달려라 하니〉)의 시작

90년대 : 창작 기획 시스템(《원더풀데이즈》, 《마리 이야기》)의 시작

2000년대 : 디지털 창작 – 인터넷 유통 애니메이션(《마시마로》, 《뿌까》), 새로운 타겟(《뽀로로》)의 시작

2010년대의 10년은 ~?

최초의 한국 애니메이션은 뭐였나요?

한국 초기 애니메이션은 주로 CF 애니메이션이었습니다. 1957년 문달부 감독의 《럭키치약》이 최초의 애니메이션이고요, 비슷한 시기의 이전 작품이 발견되었다는 얘기도 있습니다.

중요한 것은 1950년대 후반부터 극장을 통해 서구 문명이 유입되면서 국내 대중문화에 일대 파장이 시작된다는 것이죠.

1957년 국도극장에서 상영되었던 《피터팬》을 비롯해서 1961년 대한극장에서 상영되었던 《걸리버여행기》 등이 연속 흥행에 성공하고, 1962년에는 디즈니의 《신데렐라》가 대한극장에서 장기 상영에 들어가기도 했습니다. 이 영향으로 국내에서는 신동헌 감독 특유의 리듬감을 잘 살린 《진로소주》 CF가 제작되고, 이 광고는 소주의 시장 판도를 바꿔놓을 정도로 파괴력을 가지고 있었습니다. 《후라베틴Q》, 《닭표간장》, 《베스타나볼》, 《프로헤파론》, 《유버론》 등 이후로도 제약, 식품회사 등을 중심으로 CF 애니메이션의 붐이 형성되었습니다.

〈홍길동〉 스틸 이미지　　　　　　　김청기 〈로봇태권 V〉

　이런 준비기를 거쳐서 제대로 된 최초의 애니메이션, 우리 손으로 만든 한국 최초의 극장 장편 애니메이션 〈홍길동〉이 제작됩니다. 1966년 6월 착수된 이 작품은 1967년 1월 개봉되었고 개봉 4일 만에 10만 명, 서울에서만 총 30만 명 등 놀라운 흥행을 기록하게 됩니다.

　8개월 동안, 30여 명이 제작에 매달렸고, 애니메이션 제작 용지인 셀도 없어서 미 공군 정찰용 필름을 얻어다가 제라핀 유에 넣어 지우고 사용했다든지, 모나미에 접착제를 붙이고 컬러를 만들다가 비오거나 여름에 더우면 모두 녹아 못쓰게 되어버렸다든지 하는 신동헌 감독의 회고는 애니메이션계에서 유명한 얘기죠. 원본 필름은 한때 유실되었다가 최근 일본에서 발견되었습니다.

　엄청난 성공에 힘입은 신동헌 감독과 신동우 화백의 2번째 장편 만화영화 〈호피와 차돌바위〉는 홍길동 개봉 이후 불과 7개월 만에 완성되기도 했죠.

　그러나 이 과정에서 극장주들이 작품의 흥행으로 번 돈을 재투자 없이 제작비까지 갈취한다든지, 제작 기한을 못 맞춰서 지체 보상을 해야 한다든지 하는 제작자에게 불리한 조건들 때문에 결국 신동헌 감독은 애니메이션 제작에서 완전히 발을 빼게 됩니다.

이후로도 한국 최초의 SF 히어로물인 1968년의 〈황금철인〉이 박영일 감독에 의해서, 1969년 〈홍길동〉의 스텝이었던 용유수 감독의 〈홍길동장군〉이 개봉되기도 했습니다. 그러나 〈홍길동〉의 성공에 비하면 이후의 한국 창작 애니메이션은 당분간 명맥이 끊겨지다시피 했죠. 신동헌 감독의 절필은 우리 나라 애니메이션 역사에서 가장 가슴 아프고 큰 손실이라 볼 수 있습니다.

70년대에는 〈로봇태권 V〉라는 애니메이션이 상당한 인기를 모았던 걸로 기억합니다. 〈마징가 Z〉와 라이벌 관계였던가요? 하하

1970년대에는 영화시장이 침체됩니다. 바로 TV 때문이었죠. 국내 극장 총 관객 수에 대한 통계를 보면 재미있는 사실을 알 수 있는데, 1969년까지 국내 연 관객 수는 1억을 넘어섰을 정도의 전성기였죠. TV시대의 개막과 함께 영화는 추락 일로를 걸으며 속절없이 관객을 빼앗겼고, 최근에 와서야 겨우 연 관객 1억 수준을 회복할 정도로 충격이 컸습니다.

극장을 통해 서구의 문물이 유입되었다면 TV의 등장으로 우리를 강타한 것은 일본의 애니메이션들이었습니다. 75년 이후 도에이 동화 〈마징가

Z〉나 〈캔디〉의 인기는 그야말로 하늘을 찔렀죠.

1976년에는 드디어 김청기 감독에 의해서 〈로봇태권 V〉가 만들어져 극장에 개봉됩니다. 국내 로봇물에 활력을 줄 만큼 충분한 저력을 가진 작품이었죠. 임정규, 유현목, 김벌레 등의 호화 제작진이 모여서 만든 〈마루치 아라치〉도 이 무렵의 작품이었습니다.

〈별나라 삼총사〉, 〈타임머신 001〉, 〈15소년 우주 표류기〉 등 70년대 후반을 장식했던 작품들도 한국 애니메이션 창작의 명맥을 이어갔습니다. 한편 70년대는 우리 나라 하청 애니메이션 시스템이 본격적으로 가동되던 시기이기도 했습니다. 재미있게도 하청 애니메이션의 시작은 삼성에 의해 시작되었다고 합니다. 물론 바로 손을 떼기는 했지만.

1980년대에는 광주항쟁, 군사독재의 외부 압력으로 극우 반공주의 경향의 작품이 주를 이뤘죠. 1978년 김청기 〈똘이장군〉과 1982년 김현동 〈해돌이 대모험〉 같은 작품들이었고요.

1988년 서울올림픽을 앞두고 관 주도에 의해 몇 편의 국산 TV 애니메이션이 만들어집니다. 1987년 KBS 이현세 원작, 대원동화의 〈떠돌이까치〉, 87년 올림픽 마스코트를 애니메이션화한 MBC 〈달려라 호돌이〉, 1987년 KBS 김수정 원작, 송정률 감독의 〈아기공룡둘리〉가 신원동화에 의해 만들어집니다. 여기에는 신동헌 감독이 연출한 편도 삽입되어 있어 눈길을 끌었죠.

1988년에는 국내 최초로 소녀를 대상으로 하는 작품으로, 최초로 주 1

회 편성된 시리즈 애니메이션이었던 〈달려라 하니〉가 만들어졌습니다. 국내 TV 애니메이션 시리즈의 실질적 시작이었습니다.

이후에 이두호 원작의 〈머털도사〉는 역대 최고의 시청률을 올렸고 김대중 감독의 〈2020 우주의 원더키디〉가 칸느 국제 TV 견본시에서 최우수 필름상을 받는 등 우리 애니메이션의 기대를 높여주는 일들도 있었습니다.

34 90년대 이후 한국 창작 애니메이션과 향후 10년

하청이 주를 이뤘던 7~80년대에도 꾸준히 우리 애니메이션 제작이 시도 되었네요. 90년대에는 창작이 본격적으로 시스템을 갖추는 시기라고 하 셨는데요. 한국 창작 애니메이션의 역사가 드디어 시작되는군요.

80년대 후반, 거의 전시행정으로 제작되었던 TV 만화영화 열기가 급속히 위축되기는 했지만, 〈내 친구 보거스〉, 〈팽킹 라이킹〉, 〈지구는 초록별〉, 〈 꼬비 꼬비〉, 〈두치와 뿌꾸〉 등 작품 소재의 범위와 다양성이 늘어난 것이 90년대 초반의 상황이었습니다.

　게다가 1990년에 국내 처음으로 공주전문대학에 만화예술과가 설립되 었죠. 어쨌든 만화가 하나의 학문으로 인정받는 사건이었습니다. 95년에 는 앞서 얘기했지만 서울국제만화페스티벌(SICAF)이 대성공을 거두었죠.

　한편 90년대 초에는 디즈니가 화려한 부활을 했습니다. 슬럼프에 빠졌던 디즈니를 구했던 작품은 바로 〈인어공주〉였죠. 이 작품을 만들면서 디즈니의 스텝들이 미야자끼 하야오를 만났고 어느 정도 그의 영향을 받으며 탄생한 게 〈인어공주〉였다는 얘기도 있습니다. 야사지요.

1991년 〈인어공주〉 65만 관객, 1992년 〈미녀와 야수〉 75만 관객, 1993년 〈알라딘〉 90만 관객, 1994년 〈라이온킹〉 120만 관객.

지금이야 천만 넘는 영화가 흔한 시대가 되어버렸지만 당시의 디즈니 애니메이션의 열풍은 대단했지요.

1995년 무렵은 한국 애니메이션 역사에서도 특별한 해였습니다.

〈붉은매〉를 필두로, 이규형의 〈헝그리베스트5〉 등이 만들어지고, 들꽃 컴퍼니 윤석화에 의해 주도된 〈돌아온 영웅 홍길동〉이 40만 흥행기록을 세우기도 했지요. 이 작품은 신동헌 감독이 진행했다고 되어 있지만 실제로는 일본 감독에 의해 만들어져 국적 불명이라는 문제 제기에 시달리기도 했습니다. 이현세 원작의 〈아마겟돈〉이 야심차게 규모를 키우기도 했고, 〈둘리 – 얼음별대모험〉이 35만을 기록해서 흥행에 성공했지만, 지방 대여업자의 횡포와 배급에 대한 노하우 부족으로 제작사는 손실을 입게 되는 상황도 생깁니다. 이후 〈전사라이언〉이나 〈또또와 유령친구들〉도 단지 애니메이션을 잘 만드는 것만으로는 좋은 결과를 만들기 어렵다는 현실에 직면하는 기회가 되었죠.

1997년 〈오돌또기〉, 〈망치〉를 비롯해서 당시에 진행되고 있던 트레일러나 이미지 컷들은 뭔가 때가 되었다는 기대감으로 가득 차게 했습니다. 그러나 또 하나의 시련, IMF 환란을 애니메이션도 피해갈 수가 없었습니다.

한국 애니메이션이 시스템을 갖추며 창작 애니메이션에 뛰어든 것은 90
년대 이후로 봐야 할 듯합니다. 〈원더풀데이즈〉, 〈마리 이야기〉 등이 만들
어지면서 제작비의 상승과 국제 영화제에서의 쾌거 등이 이어졌고, 이것이
2000년 이후 한국 애니메이션의 독특한 성과를 견인했다고 봅니다.

1990년대는 기획-창작 시스템이, 2000년 이후에는 디지털과 인터넷이
애니메이션의 이슈가 되었다고 하셨는데, 성공 사례라고 할 만한 작품들
이 나오나요?

제작에서는 디지털이, 유통에서는 인터넷이 시차를 두고 한국 애니메이션
의 대안으로 떠올랐습니다. 사실 개인적으로는 이보다 좀 더 근본적인 변
화가 1990년 이후의 한국 애니메이션계에 시작되었고, 이것이 2000년 이
후의 디지털-인터넷 환경의 토대를 만들었다고 생각합니다.

90년대 이후의 근본적인 변화, 궁금하네요.

조형력, 연출력, 스토리 감각을 갖춘 인재들이 대거 만화 애니메이션 분야
로 유입되기 시작했다는 겁니다. 1990년 국내 처음으로 만화 애니메이션
과가 공주에서 시작된 이래, 1995년을 기점으로 전국적으로 확산되면서

2000년 전후에는 150여 개의 전문대, 대학, 대학원 등 다양한 교육형태가 자리 잡았죠.

뿐만 아니라, '네모라미', '퓨쳐아트' 같은 기존 조형 예술 영역 전공자들의 만화-애니메이션 동아리 활동도 강화되기 시작했고요.

2000년을 거치면서 졸업생들의 현장 진출, 또는 새로운 시각으로 만화와 애니메이션에 접근해 보려는 젊은 시도들이 디지털과 인터넷에 익숙한 장점과 결합되면서 만들어진 게 디지털-인터넷 애니메이션이라고 볼 수 있습니다. 〈마시마로〉, 〈뿌까〉 등도 이런 사례였고, 〈뽀로로〉나 〈디보〉에도 스토리보드 영역에는 대부분 대학 졸업생-재학생 그룹이 큰 몫을 했죠.

결국 2007년을 전후에서 극장에 개봉된 국내 장편 애니메이션의 대부분은 독립 애니메이터나 국내외 관련 대학을 수학한 인력들이 중심이 되어 만들어졌습니다. 〈천년여우 여우비〉, 〈아치와 씨팍〉, 〈빼꼼〉 등이 좋은 예입니다.

〈뽀로로〉는 전 세계 100여 개 나라에 수출되면서, 애니메이션의 대표 성공 사례로 자리 잡습니다. 더구나 이 성공은 미국-일본의 영향 아래에 서라기보다는, 미취학 아동이라는 새로운 타겟을 발굴한 사례라서 더 의미 있다고 볼 수 있습니다. 한 가지 아쉬운 것은 〈뽀로로〉 이후 한국 애니메이션은 거의 '뽀로로 베끼기'에 너무 열중하는 게 아닌가 하는 거죠.

〈뿌까〉의 경우에도 유럽 팬시마켓에서 이미 〈헬로 키티〉를 능가할 만큼의 파워를 보여주고 있고요.

2000년대는 한국 애니메이션사에 상당히 의미 있는 시기로 남겠네요. 이미 시작된 2010년부터의 10년, 한국 애니메이션은 또 어떤 변화를 겪게 될까요.

벌써 여러 가지 조짐들이 시작되었습니다만, 2010년 이후의 10년은 기술적으로는 유비쿼터스, 문화적으로는 컨버전스라는 특성이 주도하게 되리라고 생각됩니다.

유비쿼터스는 언제 어디서나 다양한 디바이스로 네트워크에 접속할 수 있다는 의미인데, 스마트폰 같은 모바일 문화가 그 시작이라고 볼 수 있습니다. 컨버전스는 서로 다른 영역이 경계를 넘어 서로 소통하고 융합한다는 의미인데, 사회문화 전반에 광범위하게 영향을 발휘하고 있습니다.

만화나 애니메이션도 유비쿼터스 기술과 컨버전스 문화에 영향 받는 대표적인 사례가 될 것으로 봅니다.

유비쿼터스, 컨버전스 시대의 콘텐츠로 만화 애니메이션은 최적의 속성들을 가지고 있다고 보는 거죠.

35 유비쿼터스 시대의 의미

언제, 어디서나, 어떤 기기로도 네트워크에 접속한다는 정도는 알고 있습니다만, 유비쿼터스 시대란 게 지금과 얼마나 달라질까요?

유비쿼터스는 본래 '무소부재' 라는 뜻을 가지고 있는 종교적 용어입니다.

언제 어디에나 편만해 있는 절대적 존재라는 의미가 현대 기술로 구현되는 셈이죠. 일반적으로 생각하는 것처럼 인터넷 환경의 발달로 유선기술이 무선기술로 바뀌는 정도라면, 굳이 이런 종교적이고 신비적인 용어까지 써가면서 호들갑을 떨지는 않겠죠. 이미 다가온 이 미래 같은 시대를 다른 말로 '디지털 혁명기' 라고 이야기합니다.

디지털이라는 낯설었던 용어가 불과 십수 년 사이에 우리 곁에 밀착되어 온 속도와 파장을 보면, 디지털의 패러다임을 또 한 번 근본적으로 바꿔줄 이 유비쿼터스라는 기술 환경에 대해서도 지금보다는 좀 더 관심을 가

	디지털 태동기	디지털 혁명기(유비쿼터스)	이후
지향점	아날로그→디지털	디지털 → 아날로그 확장	공존
소통 방식	사람-컴-사람 ǀ 컴-컴	사람-사물-사람 ǀ 사물-사물	인간-인간
관점	객체 지향	주체 지향	주객 공유
주요기반 기술	인터넷, VR	모바일, 유비쿼터스	양자
디스플레이	고정성	이동성	상호성

질 필요가 있을 듯합니다.

디지털의 시작으로부터 태동기에는 모든 아날로그가 디지털로 향하는 비트화[36]가 빠르게 진행되었죠. 문자, 소리, 이미지, 움직임 등 콘텐츠의 요소들이 모두 0과 1이라는 신호 체계로 변환되면서 상대적으로 퀄리티를 유지하고, 상호 호환– 융합에 적합한 형태가 된 겁니다. 멀티미디어 환경이 가능해졌고, 가상의 공간은 빠르게 확장되었죠. 사람과 사람 사이에서 컴퓨터가 복합적인 커뮤니케이션을 실현시키고, 컴퓨터와 컴퓨터는 서로 연결되었습니다.

디지털 혁명기의 유비쿼터스 기술은, 모바일이라는 이동성과 휴대성의 확보와 디지털 컨버전스로 핵심 요약해 볼 수 있습니다.

초기 디지털과 확연하게 구분되는 디지털 혁명기, 유비쿼터스 기술은 한계가 명확한 사각형 모니터의 틀을 벗어나 현실세계로 확장되고 있습니다. 모든 사물에 칩이 심어져서 사물과 사물이 서로 소통하는 이 환경을 디지털이 아날로그로 확장되는 것이라고 보든, 디지로그라고 부르든, 단지 유선에서 무선으로의 변화를 넘어서는 혁명적 변화를 가지고 있다고 생각하고 있는 거죠. 우리 주변에서 흔히 보는 일상의 사물들에 칩이 심어져서 서로 소통한다는 것은 단지 사물이 정보덩어리로 바뀐다는 차원을 넘어서 서로 기능을 공유하면서 복합적이고 유기적으로 연계되는 것을 의미하는 것이기 때문입니다.

사물과 사물이 소통하면 어떤 일들이 벌어질까요?

사물들이 유기적으로 연계되어 사물과 사물이 소통하면서 추구하게 될 목표는 바로 '사람'과 '일상생활'이라고 봅니다.

생각해 보면, 하나의 디지털(컴퓨터)에 모든 아날로그(사람, 사물)가 대응하는 상황에서 하나의 아날로그(사람)에 모든 디지털(컴퓨터, 모바일, 사물)이 대응하는 상황으로의 변화인 거죠. 긍정적으로 바라본다는 단서를 달고, 사람이 중심에 서는 상황이 될 수도 있습니다.

〈매트릭스〉 같은 영화가 보여주듯이 전면적인 통제와 종속의 세계로 갈 것인가, 개개인이 삶의 중심에서 다시 존엄성을 회복할 수 있느냐 하는 갈림길에 우리가 서 있다는 생각이 듭니다.

지금도 상당 부분 현실화되어 있는데, 사람의 몸, 마음에서 출발하고 의식주의 기본적인 생활영역에서부터 교통, 의료, 교육, 쇼핑 등 광범위한 삶의 도우미 역할을 유기체로서의 유비쿼터스 기술이 담당하게 됩니다. 디지털 세계에 가상세계의 구축이라는 화두가 일상으로 옮겨오는 것입니다.

처음 디지털이라는 물건이 책상에 자리 잡은 이후로 줄곧 '컴퓨터' 자체에 기울이던 관심이 일상으로 확대되면서 콘텐츠 역시 소모적이고 단절적인 형태에서 일상과의 연속성과 밀착성을 가지게 될 것으로 보입니다. 닌텐도 Wii의 전 세계적인 바람몰이도 한편으로는 이러한 몸과 마음으로의 관심 전환을 상징적으로 보여주고 있습니다.

초기 디지털 환경에서 가장 중요한 기술적·환경적 요소가 인터넷과 VR이었다면, 인터넷은 무선환경을 기반으로 하는 유비쿼터스로, VR(Virtual Reality)은 AR(Augmented Reality)로 전환 또는 확장될 것입니다.

유비쿼터스는 단지 유선에서 무선 인터넷으로의 확장이 아닙니다. 사물 전체가 칩이 심어진 하나의 유기체로 변환되고, 이미 시도되고 있듯이 인간 자신도 베리칩과 같은 기술을 통해 하나의 전자적 소통의 일부분으로 편입될 수 있습니다.

박지성 선수가 활약하고 있는 맨체스터 유나이티드에서 선수들의 몸에 쌀알 크기의 칩을 심어 경기 중 동선을 파악해서 훈련에 활용하겠다는 계획이나, 스페인 비치 나이트에 입장하려면 칩을 심어야 한다든가, 멕시코에서는 위치 추적 시스템을 몸에 심는 게 유행처럼 여겨지는 상황들이 있습니다.

VR(가상현실)도 아직 완성되지는 않았지만, 우리는 'VR, 그 이후'를 그리 어렵지 않게 주변에서 목도하고 있습니다. 그것 중 하나가 AR(증강현실)입니다. 증강현실은 현실 위에 가상을 구현하는 기술이라고 말했었죠. 우리가 살고 있는 현실, 이 세상마저도 한바탕 꿈이라고 하는데, 이 가상 위에 또다시 가상이 얹히는 거죠. 부정의 부정은 긍정이 되듯이, 이것이 오히려 삶의 허위적이고 집착적인 양상을 벗겨줄지 모른다고 생각하는 것은 지나친 기대일까요?

또 하나 재미있는 건, 빌게이츠나 조지 길더 같은 디지털 선구자들이 입을 모아 예견하듯이, 이 차세대 핵심기술인 유비쿼터스가 우리 나라에서 가장 먼저 구현되고 있다는 겁니다.

[주]
36) 니콜라스 니그로폰테는 〈Being Digital〉에서 아날로그에서 디지털로의 변환을 아톰에서 비트로의 변화로 규정하고 디지털 환경의 본격적인 개막을 예언하였죠.

36 어떻게 한국이 유비쿼터스 시대를 주도하게 되었나

놀랍군요. 제 경험으로도 1997년 IMF 사태를 겪고 이를 극복하는 과정에서 우리에게 어떤 근본적인 변화가 생겨버린 건 아닌가 하는 생각이 들 정도였습니다. 인터넷 환경, 디지털 기회지수에서 갑작스럽게 우리는 세계 정상에 올라섰고, 이제 차세대 기술 환경을 리드할 수 있다는 게 어떻게 가능한 거죠?

유비쿼터스 기술이 정착하기 위한 3대 기반 기술이 자동차, 인터넷, 모바일이라고 하는데, 이 세 기술 분야가 우리 나라처럼 고르게 자리 잡은 경우가 거의 없다고 합니다.

유비쿼터스의 성공 여부는 디스플레이 기술의 발전에도 상당 부분 의존합니다. 입체 영상을 특수한 안경 없이도, 가정에서 TV를 통해 즐길 수 있는 환경이 만들어지고 있고, 구형 디스플레이, 포그 스크린 디스플레이, 워터 스크린 디스플레이 등 스크린의 형태도 변형되고 있으며 공기 중에 빔을 투사하는 기술도 이미 구현되어 있습니다.

디스플레이 기술영역에서도 한국의 질주가 유난합니다. 휴대폰 단말기, 디지털 TV, 반도체, 평판 디스플레이 영역, 3D TV까지, 이미 한국은 세계 최고의 수준입니다.

그러나 이 모든 IT 분야의 활약에도 불구하고, 기술의 발전만으로 최근 한국의 패러다임 변화를 설명하기는 다소 무리가 있다고 봅니다. 주변국 일본에 비해서도 우리가 오래 전부터 이 분야에 지속적으로 투자해 온 것도 아니고, 시장 규모나 자본 규모에서 중국이나 미국에 한참 뒤지죠. 조그만 도시국가 싱가폴에도 오랫동안 경쟁력에서 밀려왔던 것이 현실이었는데 말입니다.

이것을 전문적으로 논하기는 어려운 입장이지만, 저는 한국의 전통문화, 근현대사의 질곡 속에서 형성되어온 국민적 집단무의식의 원형[37]과 관련 있지 않을까 생각해 봅니다. 근현대사를 거치면서 한국은 겪을 수 있는 극한의 갈등과 고통을 견뎌 왔습니다. 그리고 세계 어느 역사와 견주어도 이렇게 민중의 힘이 주도적으로 판을 바꿔온 사례가 많지 않다고 봅니다.

해방 이후 정부 출범과 함께 줄기차게 이어졌던 학생운동, 시민사회운동이 시기마다 일정한 성취를 겪으면서, 특히 정권 교체 등의 대변혁을 민중의 손으로 이끌어 내고 이를 통해 형성된 범국민적인 자신감이 2002 월드컵이나 효순이 - 미선이 사건, 노무현 대통령의 대선에서 분출된 것이 아닐까 합니다.

2002년 월드컵은 여러 가지 의미를 남겼죠. 온 국민을 펄펄 끓게 했던 4강 진출. 그리고 최초의 4강 신화에 묻혀버린 감이 있지만, 개인적으로는, 한 - 일이 공동으로 주최한 국제대회에서 메인 정보센터가 한국에 있었다는 것이 더 기분 좋은 일이었습니다. 지금이야 우리가 부동의 디지털 기회지수 정상의 나라지만, 당시에는 IMF를 졸업한 지 얼마 되지 않은 상황이었거든요.

1천만 명 가까운 사람들이 자발적으로 한밤중 거리로 쏟아져 나왔고, 문제없이 질서 정연하게 흩어지고 하면서 맘껏 즐겼던 것도 물론 기억하고 계승할 만한 일이라고 봅니다.

이런 국민적 자신감과 따로 또 같이 하는 힘들은 더러 부작용을 일으키기도 하고 폐쇄적인 민족주의적 시각을 키우기도 하지만, 여하튼 지금의 디지털-인터넷 - 유비쿼터스 환경에서의 한국의 성취와 무관하지 않다고 봅니다.

특히 정권 교체의 경험을 통해서 세상을 바꿀 수 있다는 생각이 국민들의 잠재의식에 남아있는지도 모르죠. 그리고 이런 국민적 자신감이 새로운 세대를 만들었다고 생각합니다. 당당하고 주눅 들지 않는 세대, 호기심으로 무장하고 자신이 좋아하는 일에 스스로를 던지는 세대, 자발적이지만 함께 나누는 일도 두려워하지 않는 세대, 새로움에 대해 본능적으로 반응하는 감성세대가 지금 우리 나라의 토양에서 새로 자라나고 있다는 생각이 듭니다. 이들이 향유자로, 소비자로 지금의 디지털 – 인터넷 – 유비쿼터스적 토양을 일구었다면, 이 세대가 이후의 새로운 유비쿼터스 콘텐츠 환경을 생산자 – 창작자로 주도하게 되는 상황을 기대해 봅니다.

[주]

37) 뇌의 선천적 구조에서 비롯되는 무의식의 한 형태이다. 집단무의식은 개인적인 경험에서 나오는 개인적 무의식과는 구별되며, 원형(原型), 즉 보편적인 원초적 상(像)과 관념을 내포합니다.

37 한류와 한국문화 원형

근래에는 중국이나 일본, 아시아를 넘어서 남미나 유럽 일부에도 한류가
영향을 미친다고 하는데요. 놀랍습니다. 한류의 근저에 어떤 한국문화 원
형과의 관련성이 있다고 보십니까?

김용옥 선생은 무속을 정신적 배경으로 하던 한국인이 고려 시대에는 불교
에, 조선 시대에는 유교에, 이후에는 기독교에 심취해 가는 과정을 보면서
한국인이 빠져드는 것은 특정 종교가 아니라 '변화 그 자체'라고 주장했습
니다. 한국인의 삶 자체가 종교를 넘어서는 치열성을 가지고 있기 때문이
라고도 보여집니다. 삶을 중심에 두면서 주변을 수용하되 치열한 진정성으
로 받아들이다 보니 어떤 특정 종교가 개인과 사회의 삶 전체를 오래도록
지배할 만큼 커지지는 않는 것이죠.
　　이어령 선생은 한·중·일 삼국 문화를 비교하면서, 중국의 화華와 일

본의 화和 사이에 위치한 한국문화의 가장 큰 특징으로 융融을 꼽습니다. 한국의 융은 일본의 화와 유사하며 화합하고 공존하는 사상이지만, 일본의 화는 사회 공동체적 평등으로서의 화합, 한국의 융은 원융회통, 정신적 측면의 융화에 가깝다고 설명합니다.

이 경우에도 왜 '융합인가' 라는 생각을 하게 됩니다. 자연에 가까웠던 한국인들의 삶에는 '융합' 이라는 것이 그야말로 자연스러운 일상이 아니었을까. 본래 삶이라는 게 머리로 생각하는 것처럼 이분법적으로 나눠지는 것이 아니었을 테니까. 섞일 만큼 섞여서 도무지 구분되지 않는 어떤 것일 테니까.

실제로 한국 근대 대표사상인 수운 – 증산 – 소태산의 근저에도 유·불·선뿐 아니라 세계의 모든 사상을 품을 만한 원융회통의 원리가 흐릅니다. 소태산의 병행, 쌍전, 일여의 사상은 도학과 과학, 정신과 물질, 이와 사, 동과 정, 영과 육, 유상과 무상 등 모든 이분법적 극단을 아우르며 확장됩니다. 이 경우에도 개인의 삶, 민중의 직접적인 일상은 가장 중요한 화두고요.

지금은 공군 기지로 바뀌어 버렸지만, 어릴적 계룡산 밑자락의 신도안이라는 곳은 내게 별천지였습니다. 당시 문공부에 등록되어 있는 종교만 2~300개 가량이었고, 등록되지 않은 것까지 포함하면 거의 수천 개의 종교가 작은 마을에 빼곡히 들어차 있었습니다. 직접 돌아본 바로는, 집집마다 문패가 있는데, 그것이 주인의 이름이 쓰여진 것이 아니라 각각 하나하나의 종교 이름이었을 정도였습니다. 그러면서도 신도안은 평온했었죠. 한두 개의 종교가 세상을 시끄럽게 하는 지금, 어떻게 한국에서는 수천 개의 종교가 작은 마을에 평화롭게 공존할 수 있었을까요.

집집마다 하나의 종교라는 것도, 지금 생각해 보면 말 그대로 하나의 선경을 표현하는 방식이라는 생각이 듭니다. 각각 자신의 독특한 개성과 스타일에 맞는 형식의 신앙과 수행을 가진다는 것, 이토록 이상적인 종교 신앙의 양태가 또 있을까 하는 생각도 드는 거죠.

그럴 수 있겠습니다. 저는 한국인에 대한 외국인들의 대표적인 어떤 인식이 떠오릅니다. '빨리빨리' 라는 말입니다. 한국인이 잘 쓰는 표현으로 유럽의 어느 사전에 올라 있다고 합니다. 왜 한국인은 빨리빨리라는 말을 이렇게 일상에서 달고 살게 되었을까요.

글쎄요.

역사적으로 주변의 많은 열강들로부터 지속적으로 노출된 생존의 위협에 대한 대응책으로? 주로 반도를 거점으로 하면서 대륙과 해안을 통해 밀려드는 문화적 충돌에 대한 적응을 위해서? 60년대 군사독재정권 수립 이후 짧은 시기 동안 압축적으로 근대화를 밀어붙이면서 생긴 부작용으로?

국민 조급증의 이유가 어떤 것이든 관계없이, 근대 이후 한국 역사를 개괄해 보면, 한국은 인류 역사가 낳은 모순들이 집결한 '인류 모순의 집합소이면서 대결장'이었다는 생각이 들 정도입니다. 사상, 빈부, 남녀, 귀천, 노소, 신구, 이념의 대립. 아직도 한국은 이념이 첨예하게 대립하는 세계 유일의 이데올로기의 박물관입니다. 그 과정에서도 한국의 민중은 특별한 길을 걸어왔죠. 셀 수 없이 많았던 국난의 시기마다 정부는 무기력하거나 터무니없는 결정을 내리기 일쑤였고, 민중이 오히려 정부의 빈 자리를 채워온 정도였으니까요.

한국 지도층의 무기력과 민중의 역동성은 현대사에서도 그대로 이어져 왔습니다. 일제에 저항하던 민초들의 불꽃 같은 삶은 광복 이후 학생 – 시민사회 운동의 단초가 되었습니다. 일제강점, 한국전쟁 같은 초유의 국난을 겪으면서 민중들이 겪었을 고통은 이루 상상할 수도 없죠. 미륵부처, 재림예수, 정도령과 같은 혁명적 민간신앙이 나타날 수밖에 없었다고도 보여집니다. 숱한 고난을 거치면서 한국의 민중은 결국 스스로 선거를 통해 정권을 바꿔냈죠.

한국인이 걸어온 역사는 변화에 대한 긍정, 새로움에 대한 동경과 다른 것들 간의 조화, 존중 없이 불가능한 역사들입니다. 90년대 이후 한국의 대중문화 변화 흐름도 시대 상황에 기인한 한국인의 특성이 반영되지 않았을까 생각됩니다.[38]

[주]

38) 2010 한중일 대학생 아트 비엔날레 컨퍼런스의 본인 발제문에서 발췌, 보안.

38 90년대 이후 한국의 음악, 영화, 드라마와 한류현상

한류의 배경이 궁금합니다. 주로 음악, 영화 그리고 드라마 영역에서 시작된 거죠?

90년대의 국내 영화산업 성장과 드라마, 가요 중심의 한류 붐이 일어나면서 한국 대중문화는 전반적인 전환기를 맞게 됩니다. 90년대에 들어서자마자 등장한 서태지는 전후 세대를 뚜렷이 나누는 구분점이 되었죠. 80년대까지의 한국 주류 음악은 팝송이었습니다. 통키타와 청바지로 대변되는 시대에 국내가요계에도 송창식, 윤형주, 김세환, 양희은 같은 걸출한 스타들도 있었습니다만, 라디오 방송이나 전반적인 음악계는 역시 해외의 팝음악이 대세였습니다.

서태지 이후라고 보는 데는 크게 이견이 없다고 보이는데, 판도는 완전히 달라졌습니다. 최근에는 가요만 틀겠다는 가요 전문 라디오 채널이 나오고 있을 만큼 국내 대중가요는 확고한 자리를 잡았습니다. 오히려 최근에 중국에도 백화점 같은 사람들이 많이 모이는 곳에서 틀어지는 음악의 상당수는 한국 가요일 정도입니다. 중국이나 동남아를 다니면서 우리 나라의 젊은 재능들에 대해서 수도 없이 감탄하고 고마워하지 않을 수 없습니다. 요즘은 남미나 일부 유럽, 미주지역까지도 이런 분위기가 퍼져가는 것을 보면서 놀라곤 합니다.

영화 역시 69년 연인원 최대 관객을 동원한 이래 TV의 영향으로 지속적으로 관객 수가 감소되다가 84년 제작 자유화, 85년 영화시장 개방, 스크린쿼터 등 순 - 역의 환경 속에서 90년대 국산영화 전성시대를 엽니다. 2000년 이후에는 국산 영화 점유율이 50%를 넘기는 것도 부지기수였고, 전 세계적으로 드문 상황이었습니다. 산업적으로 천만을 넘어서는 대박영화가 속출하고, 국제적인 영화제에서 국내 감독들의 활약도 주목할 만합니다.

드라마의 경우에는, 국내 드라마 제작의 열악한 상황이 오히려 전화위복이 되었다고 보기도 합니다. 드라마에 따라 방영 1~2주 전에 제작되는 상황이다 보니 대중이 드라마의 전개를 바꾸기도 하고, 특히 결말은 작가나 연출가의 의도와 다르게 대중의 입김에 영향 받기도 했습니다. 오히려 이런 점이 대중에게 어필할 수 있는 계기가 되었다는 것입니다.

Pearl Research에서 발표한 최근 자료에 의하면 한국의 Top 5 게임업체 중 3개 업체가 2009년 수익률을 50% 이상 올렸다고 합니다.

1990년대 이후 지속적으로 한국의 대중은, 특히 문화 콘텐츠 영역에서 자신들의 문화를 중심으로, 주류로 부상시켰다고 봅니다.

　한국 대중에게 독특한 또 하나의 특성은, 기술 친화적이고 얼리 어댑터적 마인드가 강하다는 것입니다. '빨리빨리'라는 특성에서 출발했든, 수직적이고 폐쇄적인 한국 전통의 관계문화에서 나왔든, 좁은 땅에 빼곡히 자리 잡은 아파트라는 주거문화에서 나왔든, 한국의 대중은 세계에서 가장 빠른 초고속 인터넷을 즐기게 되었고, 한국은 테스트 베드 국가, 얼리 어댑터, 베타 테스터의 나라라고 인식되고 있습니다.

　새로움은 무에서 탄생된다기 보다는 경계를 넘나드는 기존 것들의 융합의 결과로 나타납니다. 새로움과 융합은 떼어두고 생각하기 어렵습니다. 전형적이고 고정적인 '지금 이 상황'으로 부터의 과감한 탈출 시도가 융합으로 가는 첫 걸음이라고 봅니다. 한국인은 새로움에 대한 무한 도전을 통해 융합에 도달하고 융합을 통해 일상을 성취하는 게 아닐까 생각합니다.

　한국의 새로운 세대는, 기성세대의 우려에도 불구하고 건국 이래 가장 감성적인, 가장 열려 있는 세대로, 세상을 변화시킬 수 있다는 자신감으로 새로운 문화를 만들고 있다고 봅니다.

39 유비쿼터스 환경에서의 콘텐츠

저도 함께 새로운 세대에 대한 기대를 가져보겠습니다. 말씀하신 유비쿼터스 환경에서의 미디어와 콘텐츠는 어떤 관계를 가지고 변화될까요?

개괄적으로 말씀드렸지만, 유비쿼터스 환경의 특징에 대해서 정리해 보죠. 첫째, 먼저 디지털 초기와 달리 디지털에서 아날로그로의 회귀를 들 수 있습니다.

모든 사물에 칩이 심어져서 사람 사이의 소통을 담당하고 사물과 사물이 각각 작은 컴퓨터가 되어 소통하고 작동하는 환경이죠. 아날로그로의 회귀든, 디지털의 확장이든, 디지로그로의 진입이든 결국 유사한 내용입니다.

둘째, 가상에서 현실로 확장됩니다. 가상에 또 하나의 세계를 구축하려던 VR에서 현실에 가상을 접목시키는 AR이 주도하는 환경 변화입니다.

셋째, 다이버전스(발산, 전문화)에서 컨버전스(수렴, 융합)로 이행합니다. 각각의 기기들이 전문화되고 기능이 강화되는 다이버전스에서, 하나의 기기로 통합되고 유기적으로 활용되는 컨버전스로 진행됩니다. 물론 지속적으로 다이버전스가 병행되지만 주된 흐름은 컨버전스라고 볼 수 있습니다.

넷째, 콘텐츠 - 미디어 모두 비일상에서 일상으로 침투하고 단절에서 연속으로 나아갑니다. 주문형, 맞춤형의 활성화로 원하는 시간과 공간 및 콘텐츠의 형태를 결정할 수 있고, 24시간 연속되는 콘텐츠 형태를 지향합니다. 24시간 유저가 네트워크에 접속 가능하고, 접속하지 않더라도 서비스가 연속됩니다.

다섯째, 객체에서 주체로 관심이 옮겨갑니다. 컴퓨터가 소통의 중심에서 매개역할을 하던 환경에서 모든 사물에 칩이 심어져서 매개가 확장되고 유저를 향해 컴퓨터와 사물이 집중하게 됩니다.

여섯째, 대중매체 - 개별매체의 구분에 의한 서비스에서 대중화된 개별매체 - 개별화된 대중매체로 서비스가 세분화 - 복합화됩니다. 매체의 형태가 복합적인 형태를 띠고, 개별매체에 실시간 콘텐츠가, 대중매체에 주문형 - 맞춤형 서비스가 제공되는 상황으로 변환됩니다.

일곱째, 창작의 양상이 전문 창작에서 대중 창작으로 확장되고 1인 창작 - 1인 매체가 연계 강화됩니다. 실시간 콘텐츠 창작이 대중화되면 일부 예술가나 전문가에 의해 독점되던 창작과정이 대중화되고, 컴퓨터 퍼포먼스의 향상에 따라 1인 창작이 활성화되고, 개인방송의 형태가 강화되겠죠.

여덟째, 정지된 미디어-콘텐츠에서 이동성, 움직이는 미디어-콘텐츠로 변환됩니다. 유비쿼터스는 고정된 디스플레이에서 이동형 디스플레이를 지향합니다.

아바타나 로봇, 또는 복제인간 같은 것들이 인간을 대체하거나 인간이 전혀 새로운 환경에서 이들과 공생하는 미래 세상이 오기 전까지 유비쿼터스는 가장 획기적인 인간 세상의 변혁 요인이 될 것으로 보입니다.

유비쿼터스 환경에서 미디어는 콘텐츠와 좀 더 구체적인 커뮤니케이션을 하리라고 보여집니다.

TV나 라디오처럼 포맷이 명확하게 정해져 있는, 그래서 콘텐츠의 형태도 완결적이고 일방적이던 상황과 달리 유비쿼터스 환경의 포맷은 열린 형식을 지향합니다. 콘텐츠 자체의 포맷도 다양하지만, 반드시 완결된 형태로 제공될 필요도 없습니다. 오히려 적극적으로 유저의 참여를 유도하기 위한 미완성 콘텐츠를 지향할 가능성이 크고, 이에 따라 미디어의 콘텐츠에 대한 의존도도 높아지리라고 봅니다.

'공진화Co-Evolution' 라는 표현이 있습니다.

생명의 진화가 무생물의 환경 변화에 맞추기 위한 방향으로 진행되었다는 기존의 기계론적 인과론에 대해서, 시스템(자연) 역시 요소(동식물)의 변화에 영향을 받아 변화한다는 것이죠.

미디어라는 시스템과 콘텐츠라는 요소와의 관계도 마찬가지입니다. 지금은 미디어를 소유한 쪽이 콘텐츠에 대한 주도권을 가지는 것이 일반적이지만[39] 점차로 콘텐츠의 주도권이 강화되리라고 봅니다. 그것은 단지 콘텐츠가 내용을 규정한다는 측면에서가 아니고, 미디어 자체의 혁명적 변화와 오히려 더 관련이 많습니다. 원소스 멀티유즈 또는 멀티소스 멀티유즈의 환경이 강화되는 것입니다.

앞으로 미디어와 콘텐츠는 서로에게 적극적으로 영향을 미치면서 공진화해 갈 것으로 보입니다.

[주]

39) 디즈니처럼 콘텐츠가 미디어에 전면적인 영향력을 발휘하는 사례도 있습니다. 그러나 그 경우도 디즈니가 미디어를 흡수하면서 더욱 강화된 측면이 있고, 앞으로의 미디어 – 콘텐츠의 양상은 이와는 또 다른 형태가 될 것으로 예상됩니다.

40 유비쿼터스 콘텐츠가 삶에 긍정적인가

이미 시작된 유비쿼터스 콘텐츠의 사례로는 어떤 것을 들 수 있겠습니까.
그리고 이런 콘텐츠가 과연 사람들의 삶에 긍정적인 영향을 미치게 될까
요?

컴퓨터는 점점 더 사람과 사람 사이의 직접 소통 시간을 빼앗고, 심각한 사
회문제로 대두되기도 합니다. 많은 사람들이 나 자신의 업그레이드 못지않
게 내 아바타의 치장과 확장을 원하고, 이를 위해서 노력하죠. 소모적인 형
태로 소비되는 콘텐츠들은 더러 현실에 영향을 주기는 하지만, 일상보다는
가상의 만족을 우선합니다.

　디지털 환경에서 모든 일상은 엔터테인먼트적 가치를 확보하려 애씁니
다. 엔터테인먼트는 영역을 확장하여 교육 – 정보뿐 아니라 생활의 모든 영
역에서, 심지어는 예술이나 신성의 종교 영역에까지 이미 익숙하게 파고들

고 있습니다.

닌텐도에서 만든 게임기가 비디오 예술이 하던 역할을 하려는 움직임이 이미 시작되었고, 몸의 밸런스와 뇌파를 응용한 어떤 또 다른 차세대 게임기가 소명의식이 약한 성직자를 대신하는 시대가 올지도 모릅니다.

다른 측면에서 소위 디지털 콘텐츠라고 불리던 대표 주자들 ─ 만화·애니메이션, 방송 콘텐츠, 영화, 게임 들 역시 예전과 같이 '즐기려면 즐기던 가' 하는 식의 고자세에서 서서히 일상과의 협상 테이블에 등장하기도 하죠. 특히 게임은 가장 신속하고 유연하게 일상과 타협을 했습니다.

닌텐도 위Wii의 성공은 많은 분야에 다양한 영향을 미치고 있습니다. 닌텐도 위의 모든 게임들을 전체적으로 시리어스 게임으로 분류하는 데는 무리가 있겠으나, 닌텐도 위의 기본적인 모토부터 실제 아이템까지, 일반적인 게임과는 어느 정도 거리를 두고 있습니다.

닌텐도 위를 통해서 본격적으로 불붙은 시리어스 게임[40]에 대한 관심과 시도는 게임의 역할과 가능성을 키웠지만, 오히려 일반적인 기존의 게임 형태는 이로 인해 축소될 수도 있다고 봅니다.

위키피디아에서 '게임' 이란, '오락의 보편적인 형태로 일반적으로 기분 전환이나 유흥을 위한 제반 활동이 포함되며, 흔히 경쟁이나 시합을 수반한다.' 라고 하고 있습니다. 다시 말하면 반복되는 일상에서 벗어나 ─ 더러 그것이 일상에 상당한 활력을 주고 때로 강한 영향을 미친다 하더라도 ─ 가상이든 현실이든 격리된 공간과 시간으로 들어가서 즐기는 단절적인 콘텐츠죠.

지금 시리어스 게임이라고 분류되는 종류들은, 아직은 기존 게임의 형태를 유지하고 있습니다. 일상을 중단하고, 가상의 공간에 시간을 할애하는 형태로 진행된다면, 새로운 형태의 전형적인 유비쿼터스 시대 콘텐츠라 부르기는 어렵습니다. 그러나 증강현실Augmented Reality 기술이나 디스플레이, 시뮬레이션 및 실시간 애니메이션 기술 등의 발전에 따라 점차 시리어스 게임은 본격적인 유비쿼터스 콘텐츠로서 자리 잡게 될 것으로 보입니다. 이런 기술들은 시리어스 게임뿐만 아니라, 여러 영역에서 유비쿼터스 콘텐츠의 전형을 만드는 데 도움을 줄 것이고요.

유비쿼터스 콘텐츠의 전형성은 한마디로 '연속 – 일상 콘텐츠'로 정의해 볼 수 있습니다. 기존 콘텐츠가 비일상의 시간과 격리된 공간에서 벌어지는 파티였다면, 유비쿼터스는 일상의 24시간 축제를 준비하고 있는 거죠.

일상의 축제로서의 유비쿼터스 콘텐츠, 어떤 의미의 축제인가요?

일상 콘텐츠는 우선, 일상에 도움을 주거나 적어도 일상을 방해하지 않는 콘텐츠입니다.

좀 더 국한시켜서 일상과 소통하면서 일상을 돕는 콘텐츠로 볼 수도 있습니다. 소극적 의미에서 일상을 방해하지 않는다는 것은, 음악과 같은 기존 콘텐츠와 구분해서 일상 콘텐츠의 특징을 드러내 주기 어렵기 때문입니다.

일상은, 주변에서 늘 일어나는 그러그러한 일들이죠. 일상의 다른 이름으로서, '평상'이라고 할 때의 평은 공간적 일상성을, 상은 시간적 연속성을 의미합니다. 공간적으로 시간적으로 반복되면서 늘 마주하게 되는 것이 일상입니다.

유비쿼터스 콘텐츠를 일상 콘텐츠로 규정하고 보면 기존의 모든 콘텐츠는 비일상 콘텐츠의 범주로 분류되겠죠. 앞서 잠깐 얘기했던 비일상 콘텐츠와 구분되는 일상 콘텐츠의 특성을 이 아름다운 그림과 글로 비유해보면 어떨까요.

소를 풀먹이다 得牛[41]

채찍과 고삐는 꼭 필요하다.	鞭牽時時不離身
어떤 진흙탕 속에 빠질지도 모른다.	恐伊縱步入埃塵
길을 잘 들이면 그도 자연히 점잖아지리라.	相將牧得純和也
그때에는 고삐를 풀어줘도 따를 것이다.	羈鎖無拘自逐人

수양에 각성이 없다면 그대는 수양을 강요하게 될 것이다. 그렇게 되면 그것

은 일종의 폭력이 될 것이다. 그대는 그대의 존재를 강간하게 될 것이다. 그렇기 때문에 제일 먼저 각성이라는 채찍이 필요하다. 그리고 두번째로 수양이라는 고삐가 필요한 것이다.

그대가 깨어 있다면 각성만으로도 충분할 듯한데 수양이 왜 필요한 것일까? 마지막에 가서는 각성으로도 충분하다. 그러나 처음 시작할 때에는 그렇지가 않다. 왜냐하면 마음에는 뿌리 깊은 흐름이 있고 에너지는 옛 습관과 오랫동안 지나온 자국을 따라 흐르기 쉽기 때문이다. 그러므로 새로운 통로가 열려야 할 것이다.

각성과 수양, 채찍과 고삐. 이 둘 사이에서 하나의 리듬이 생겨나야 한다. 채찍으로 출발하여 고삐로 끝맺지 않으면 안 된다. 마지막에는 그 길들임 속에서 빠져나와야 한다. 수양 같은 건 모두 잊어버리지 않으면 안 된다. 수양은 처음부터 억세게 단련되어야 한다. '코뚜레를 꽉 잡고 어떤 의심도 허락지 말아야 한다.'

중국 송나라 곽암 선사가 열 개의 그림과 열 개의 시, 그리고 열 개의 산문을 통해서 마음을 닦는 과정을 그렸고, 이 〈십우도〉에 현대 언어의 마술사 라즈니쉬가 다시 아름다운 주석을 덧붙였습니다.

득우得牛는 그 네 번째 과정으로, 소를 찾아 나선 여행자가 소의 발자국을 보고 소의 꼬리를 발견한 뒤 마침내 소를 잡는 과정을 그리고 있습니다. 이 네 번째 과정에서 가장 중요한 것은 '채찍' 과 '고삐' 입니다. 라즈니쉬는 채찍은 각성으로, 고삐는 수양으로 설명하면서 먼저 각성을, 그리고 뿌리 깊은 번뇌의 흔적을 제거하기 위해 수양을 권합니다.

비일상 콘텐츠가 채찍 – 각성이라면 일상 콘텐츠는 고삐 – 수양입니다. 채찍과 고삐의 이미지가 통제와 억압의 느낌을 가지는 것은 분명하지만, 이것의 본래 의미는 아니라고 봐야 될 겁니다. 마음을 닦는 수행자가 아니라 하더라도 일상생활은 매시간 채찍과 고삐를 요구합니다. 스스로의 일상을 위해서 스스로 필요한 부분이죠.

일상의 반복은 삶을 안정적으로 유지시켜 주기도 하지만, 주기적인 반복으로 매너리즘에 빠지게 할 수도 있는 양면의 가능성을 가집니다. 채찍은 반복의 매너리즘에서 깨어나게 하는 사고 – 정서적 자극을, 고삐는 일상생활을 유지하는 기본적인 마음 챙김을 의미합니다.

유비쿼터스라는 기술이 과연 인간 삶에 긍정적인 영향을 미치게 될지는 지금으로서는 정확히 예견하기 어렵습니다. 오히려 부정적인 의견이 더 많은 것도 사실입니다. 그러나 기술이나 문화는 가치 중립적이고, 그것을 인위적으로 막기도 쉽지 않습니다.

중요한 것은, 어떻게 선용善用하느냐 입니다. 콘텐츠를 만드는 사람은 만드는 사람대로, 즐기는 사람은 즐기는 사람대로 깨어 있어야 하는 거겠죠.

유비쿼터스 콘텐츠는 일상 콘텐츠의 속성에서 출발하지만, 기존의 콘텐츠보다는 새로운 문화를 생산하는데 더 관심 가지게 될 것으로 보입니다.

유비쿼터스 기술에 근거해서 일상과 비일상을 만나게 하고, 둘 사이에 리듬을 만들어 일상을 축제로 이끌어갈 만한 힘을 가진 친구입니다.

[주]

40) 기능성 게임. 오락성의 추구가 절대적 목적이었던 게임이 교육과 정보 제공을 중심으로 확장되고 있습니다.

41) 라즈니쉬 지음 · 길연 옮김, 『잠에서 깨어나라』, 범우사, 1996.

41 엔터테인먼트의 파괴력

엔터테인먼트의 기세가 무섭습니다. 엔터테인먼트는 어디까지 손을 뻗치게 될까요?

본래 엔터테인먼트는 일상의 영역에 들어오기 어려운 특성이 있었습니다.

기술적으로도 문화적으로도 그저 일상을 벗어나서 잠시 즐길 만한 꺼리 정도로 인식되던 것이었죠. 최근에는 디지털, 유무선 인터넷, 유비쿼터스 환경의 도래와 함께 소셜 네트워크 기반이나 GPS 기술 등이 결합된 콘텐츠가 가능해졌고, 이것이 일상으로의 엔터테인먼트 공습을 부추기고 있습니다.

인간은 비교적 근원적인 두 가지 욕망으로, 합일에의 욕망과 개성을 추구하려는 욕망이라는 양면적 성향을 가지고 있다고 봅니다. 합일의 욕망은 내가 분리된 존재, 내던져진 존재라는 고독감에서 출발합니다. 군중심리나 모방심리는 이러한 욕망에 근원하는 강한 에너지원을 가지고 있다고 볼 수 있습니다. 이러한 두 가지 측면의 욕망을 과거에는 주로 종교/명상의 방법이나 성으로 풀어갔다고 생각됩니다.

한마디로 무와 유의 체험이죠. 종교나 명상은 주로 무의 체험으로서의 속성이 강하다고 봅니다. 유한적인 인간 본성과 원죄를 자각하고 절대자에게 모든 것을 의탁하는 외재적 초월에 의한 구원 방식이나, 본래 깊은 성찰과 수행을 통해 인간에게 죄도 없고 나라고 규정지을 것도 없는 무아의 절대 합일의 경지에까지 이르라는 내재적 합일에 의한 구원 방식이나, 모두 인간의 합일 욕망을 반영합니다.

그러나 종교나 명상에 있어서도 무의 체험으로서의 합일과 함께 다시 개별 존재로의 분출 과정이 있습니다.

성性의 경우에는 주로 개별적인 체험의 형태라고 볼 수 있습니다. 종교/명상의 방법에 비해 본능적인 특성을 가지고 있으며 보다 원초적이고 근원적인 형태죠. 단절성, 의존성, 몰입성, 중독성을 가진 성은 인간 욕구를 역으로 개별 차원에서 출발합니다.

라즈니쉬는 성이 인간이나 동물에게 동일하게 주어진 황홀경의 체험 계기라고 말합니다. 그러나 인간에게는 명상이라는 또 다른 방식의 체험의 길이 열려 있습니다. 그러나 여기서의 성도 반드시 행위만을 의미하지는 않습니다. 그것은 근원적인 에너지이고, 모든 인간 활동의 근저에 성에 대한 관심이 놓여 있다고 봐야 할 것입니다.

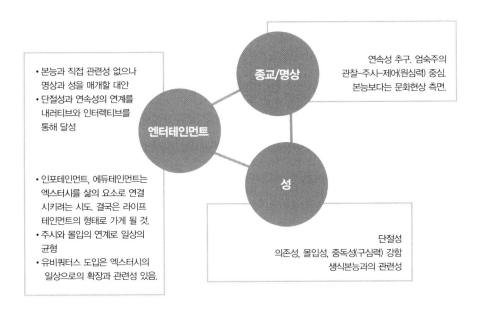

- 본능과 직접 관련성 없으나 명상과 성을 매개할 대안
- 단절성과 연속성의 연계를 내러티브와 인터렉티브를 통해 달성

엔터테인먼트

- 인포테인먼트, 에듀테인먼트는 엑스터시를 삶의 요소로 연결 시키려는 시도, 결국은 라이프 테인먼트의 형태로 가게 될 것.
- 주시와 몰입의 연계로 일상의 균형
- 유비쿼터스 도입은 엑스터시의 일상으로의 확장과 관련성 있음.

종교/명상

연속성 추구. 엄숙주의
관찰–주시–제어(원심력) 중심.
본능보다는 문화현상 측면.

성

단절성
의존성, 몰입성, 중독성(구심력) 강함
생식본능과의 관련성

오늘날의 엔터테인먼트는 과거에 이러한 두 가지 인간 본성의 욕구, 욕망을 자극하던 성과 명상의 자리를 대체해 가고 있는 것이 아닌가 생각됩니다. 특히 엔터테인먼트는 본능과는 직접적 관련을 가지고 있지 않지만 몰입성과 중독성을 함께 가지고 있습니다. 이제는 그리 낯설지 않은 용어들, 교육을 즐겁게 접근하는 에듀테인먼트나 정보와 결합된 인포테인먼트는 엔터테인먼트의 확장입니다.

사람들은 삶의 어느 시간과 장소에서도 재미와 감동을 의미와 함께 느끼고 싶어 합니다. 그리고 이러한 엔터테인먼트의 확장을 테크놀러지가 뒷받침하고 있습니다.

과거의 엔터테인먼트는 단절적 특성이 있었죠. 마치 성이라는 차원이 그렇듯이 영화관에서의 두 시간이 흐르고 나면 우리는 다시 현실 속으로 빠져 나와야 합니다. 비일상적, 단절적 체험입니다. 물론 그 감동이나 재미를 일상으로 연결하려는 시도와 노력이 있을 수 있지만 역시 그것은 개인적인 것입니다. 그러나 이제는 유비쿼터스의 환경이 눈앞에 있습니다. 유비쿼터스는 연속성이요, 주시입니다. 마치 성에서 명상으로의 진화과정과 흡사하죠.

이제 우리는 엔터테인먼트의 울타리 안에서 몰입의 시간을 경험합니다. 마치 오르가즘과도 같습니다. 그리고 다시 일상에서 그것이 연장됩니다. 이것은 주시 또는 관찰이라고 불러도 좋을 것입니다. 앞서 말씀드렸듯이 〈십우도〉[42]의 비유에 의하면 몰입과 주시는 마치 채찍과 고삐에 비유됩니다. 채찍을 통해 각성을 얻고 고삐를 통해 일상 속에서 그 체험을 이어가는 거죠. 다른 각도에서 엔터테인먼트에 공통적으로 베이스가 되는 내러티브 구조는 하나의 몰입이요, 전체성의 구현입니다. 일방적 요소이며 모두에게 강제됩니다. 합일의 욕구를 충족시킬 수 있는 근저가 됩니다. 그리고 인터렉티브는, 이것을 다시 개별성으로 끄집어 내려오는 거죠. 여기에서 다시 개체가 회복되고 자신이 개입됩니다. 거칠게 말하면 내러티브는 몰입이요, 인터렉티브는 관찰이라고 볼 수 있는 거죠.

이 상황에서 인간은 전체성과 개체성이 충족되는 일상 엔터테인먼트의 구현이 가능할 수도 있겠죠.

42) 인간 본성을 소에 비유하고 그것을 찾아나가는 과정을 시와 산문과 그림으로 표현한 열 개의 구도기. 곽암의 십우도가 널리 알려져 있습니다.

42 미래의 창작, 미래의 감상

미래의 창작과 감상의 관계가 어떠리라고 생각하나요?

이것은 '욕망의 확장' 이라는 생각이 듭니다.[43]

이제는 인간이 드디어 투시능력을 갖게 되었습니다. 수영복을 뚫고 맨살을 들여다보는 안경이나 LA 공항의 알몸 투시기 정도가 아니라 두터운 벽, 어쩌면 빌딩 하나라도 통째로 뚫고 너머의 것들을 선명하게 볼 수 있는 투시 기술을 갖게 된 겁니다. 투시 기술의 원리는 기술이라기보다는 아주 간단한 아이디어에 의해서 구현되었습니다. 내가 서 있는 안쪽 벽에 모니터를 붙이고 바깥쪽 벽에 카메라를 붙여 센서와 함께 연결하면 나는 무엇이든 뚫어보는 초능력자가 될 수 있는 겁니다.

축지법, 텔레파시, 독심술. 기적이라고 불릴 만한 일들이 기술 발전과 아이디어에 의해 일상처럼 일어나고 있어서 거의 불감증에 걸릴 지경입니다. 사람들은 점점 무기력해지는 대신 도구의 힘을 빌릴 수 있는 한 초울트라 수퍼맨이 됩니다. 그러는 사이 알게 모르게, 우리의 욕구는 확장됩니다. 표면에서 심층의 것까지 사람에게는 다양한 욕구가 있는데, 창작과 감상의 욕구도 표면의 것은 아니겠죠.

창작을 하는 사람들은 그칠 줄 모르는 창작 열정의 이유를 제대로 설명하지 못합니다. 본능적으로 무엇인가 표출하고 그것을 통해 나를 확인하는 것이 창작 욕구라면, 이보다 덜하지만 창작의 결과에 동참하여 공감대를 만들고자 하는 쪽이 감상의 욕구라고 볼 수 있습니다.

감상의 태도와 방식이 달라졌습니다. 전시, 출판물 또는 극장이나 TV에서 작가나 편집자들의 제한된 취향에 머물러야 했던 감상자들이 실시간(Realtime)과 주문형(On Demand)이라는 차세대 핵심 기술을 통해 시공간에 제한받지 않고 다양한 욕구를 충족하고 있습니다. 특히 DMB, IPTV, 와

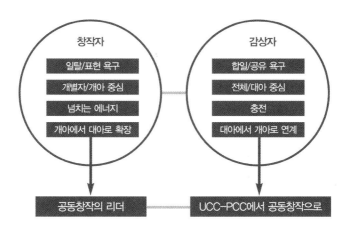

Walking In The Rainyday
Directed by Choi Hyeon Myeong
chajbuson@naver.com
http://blog.naver.com/chajbuson

Korean National University of Arts
School of film TV & Multimedia
Department of Animation 2005
www.knua.net
www.knua4.ac.kr

최현명 〈비오는 날의 산책〉
국내 학생 최초로 안시페스티벌
심사위원특별상을 수상

http://blog.naver.com/ippon76

석정현 〈귀신〉
만화와 회화기법을 접목하여 실시간 이벤트(공연)
영역으로 확장을 시도하는 작가

이브로 등의 영향으로 '개별화된 대중미디어'가 등장하고 대중의 문화예술 향유 방식도 개인화되고 있죠.

　　더 나아가 이제는 그들이 창작의 영역에도 도전하고 있습니다. 이들의 욕구가 지금 우리가 보고 있는 UCC(또는 PCC, UGC) 정도로 머물 것으로 생각한다면 오산입니다. 플래시가 애니메이션 창작을 대중화시켰다고 하는 것은 어느 정도 제한된 범위 내에서였을 뿐이죠. 제대로 아카이빙된 모델링, 재질, 모션, 이펙트, 사운드 라이브러리를 기반으로 모션빌더 같은 실시간 애니메이션 툴이 대중화되면 창작–감상의 근본적인 패러다임이 바뀔 수 있습니다.

창작의 패러다임도 바뀌고 있습니다.

애니메이션 한 편을 만들기 위해서 셀, 셀 물감, 셀 촬영기, 셀 복사기, 필름 편집기 등 고가 장비와 많은 인원, 오랜 기간이 필요하던 것이, 하나의 컴퓨터에서 한 사람(또는 소규모 창작집단. 이하 개인 창작자)이 더 짧은 기간 동안에 더 좋은 퀄리티를 만들어내는 것이 가능하게 되었습니다. 불과 10여 년 사이에 일어난 변화입니다. 이쯤 되면 시간―비용―효율성을 넘어서 창작에 대해 본질적으로 다른 접근이 가능해지죠.

개인 창작자들은 단지 비용과 시간을 절약하기 위해서가 아니고 자신의 독특한 경험과 발상을 제대로 표현하기 위해 '개인 창작'이라는 수단을 택합니다.

찰리 채플린의 〈모던타임즈〉에서나 볼 수 있는 컨베이어 벨트 같은 대규모의 작업 플로우 위에서는 디자인 컨셉도 스토리 컨셉도 명확하게 구현하기가 어렵습니다. 스토리와 디자인은 개성이 무뎌지고 타이밍과 레이아웃은 평범해져 버립니다. 그래서 개인 창작자를 보호하는 것은 다양성 확보의 출발이 될 수 있습니다.

우리에게도 신카이 마코토가 얼마든지 있습니다. 일본 애니메이션 학회장인 요코다 마사오(니혼대학)는 일본에 이미 사라진 '우리'라는 관념이 한국 독립작품 속에 살아 있다며 극찬하고(최현명의 〈비오는 날의 산책〉 등), 히로시마 애니메이션 페스티벌의 대모 사요코 기노시다는 한국의 독립 애니메이션, 독립 작가들의 환경을 부럽다고까지 표현합니다. 개인적으로 생각하기에도, 개인 창작자의 역량이나 가능성으로 보면 지나치게 산업 논리에 눌린 것 같은 미국이나 일본에 비해 오히려 자신감을 가지게 됩니다.

〈로봇태권 V〉 재개봉을 제외하면 최근 개봉된 몇 편의 극장 장편 애니메이션의 거의 대부분은 인디 감독과 학생 출신 스텝들의 작품이었습니다 (〈천년여우 여우비〉, 〈아치와 씨팍〉, 〈빼꼼〉). 가장 성공한 TV 시리즈인 〈뽀롱뽀롱 뽀로로〉는 처음부터 그랬지만 시즌 3에 이르기까지 대부분의 스토리보드가 학생이나 졸업생에 의해 만들어졌습니다. 더 거슬러 올라가서, 세계적으로 사례가 드문 인터넷 애니메이션 성공작 〈마시마로〉는 학생에 의해서 만들어졌죠. 국악 페스티벌이나 인권 애니메이션 등에서 대학 졸업생들은 장르를 넘나들며 애니메이션을 통한 새로운 시도들을 만들어냅니다. 이것은 우리 애니메이션의 중요한 대안의 하나입니다.

개인 창작자의 입장에서 보면, '공동 창작의 리더'로서의 역할에 대한 요구가 더욱 커지고 있다고 볼 수 있습니다. MIT 미디어 공대에서는 드로잉을 통해 작곡을 하고 그것을 다시 중국 음악, 일본 음악 스타일로 또는 스윙 등 다양한 양식으로 필터링하는 툴을 만들었다고 합니다. 공간 안에서 내가 움직이는 궤적을 하나의 미술작품처럼 만들어주는 시스템도 있고, 내가 주연이 되어 스스로 영화를 만들 수 있는 시스템을 개발하기도 합니다. 개인 창작자는 대규모 프로덕션에 비해 새로운 창작−감상의 패러다임에 적응하기 쉽죠. 개인 창작자와 개별화된 대중은 1인 미디어를 통해서 더 잘 만나고 더 구체적으로 소통할 수 있습니다.

욕구의 확장은 점점 더 세밀해지고 더 일상으로 밀착되어 옵니다. '세컨드 라이프Second Life'가 온라인에서 제2의 새로운 삶을 통해 다중자아의 욕구를 자극하고 그것을 이용했다면, '리얼 라이프' 또는 '오리지널 라이프'와 같은 게임이 나와서 다시 다중적 통합 자아의 단계로 우리를 이끌어 갈 수도 있습니다. 창작은 나를 세상에서 튀어나가게 하고 감상은 나를 다시 세상에 머물게 합니다. 세상은 통섭을 향해 치닫고, 창작-감상의 욕구들은 서로 넘나들며 통섭하고 있습니다.

또 이러한 모든 변화들은 시대적 당위성의 요구나 몇몇 리더가 만들어 내는 일시적 유행이 아닌, 창작과 감상 양편의 근본적 욕구의 확장이기에, 그 물결은 더욱 거세고 당당할 수밖에 없다고 봅니다.

[주]

43) 〈디자인 저널〉 2008년 11월호에 연재된 본인 글 내용 일부를 발췌 보완했습니다.

43 컨버전스 문화와 만화 애니메이션 콘텐츠

컨버전스라는 문화와 만화 · 애니메이션 콘텐츠는 어떤 관련이 있나요?

컨버전스는 서로 관계가 없고 다르다고 여겨지던 것들이 장벽을 터 서로 만나는 것을 말합니다. 지금의 컨버전스 현황은 비단 학문 영역이나 문화 영역에 그치지 않는 광범위한 현상입니다.

왜 이 시대를 새삼스럽게 컨버전스 시대라고 하나요. 오히려 고대 그리스 나 르네상스에 이르기까지 한 사람이 경계를 넘나드는 양상은 훨씬 더 다양하고 광범위하게 이뤄졌다는 생각이 듭니다.

맞습니다. 초기에는 예술과 기술도 명확히 구분하지 않았죠. 이 시대에 컨 버전스에 대해 얘기할 때 한 가지 간과하는 게 있다는 생각이 듭니다. 바로 다이버전스라고 하는 전문화의 경향입니다.

컨버전스는 수렴, 다이버전스는 발산의 방향이라고 해도 좋습니다.

핸드폰 하나에 디지털 카메라도, 캠코더도, 내비게이션도, 심지어는 컴퓨터의 기능들까지 모여드는 것이 컨버전스라면 다른 방향으로 디카도, 캠코더도, 내비게이션도 없어지지 않고 계속 함께 진화해 가는 것이 다이버전스라고 할 수 있습니다.

컨버전스가 시대의 주트랜드인 것은 부인하기 어렵지만, 그렇다고 해서 다이버전스적인 진화 없이는 컨버전스도 불완전할 수밖에 없습니다. 예술 영역에서도 컨버전스는 활발하게 일어나고 있지만, 예술 융합(컨버전스)의 전제는 각 예술 분야의 심화(다이버전스)에서 찾을 수밖에 없습니다.

고대 그리스의 학문적 경향이나 르네상스 시대의 성취를 컨버전스라고 부르지 않는 것도 다이버전스가 충분치 않기 때문이 아닐까 생각합니다. 컨버전스가 이뤄질 만큼 각 학문 영역의 심화가 아직 이뤄지지 않았다는 것입니다.

컨버전스 시대로의 이행에 가장 결정적인 영향을 미친 것이 한계에 다다른 다이버전스라고 볼 수도 있겠습니다.

다이버전스가 한계점까지 밀어붙여진 것이 컨버전스로의 이행에 중요한 전제이기는 하지만, 이 외에도 몇 가지 결정적인 영향이 있었습니다.

우선 하나는 과학·기술의 발전을 들 수 있습니다.

과학·기술이 컨버전스를 수용할 수 있을 만큼 무르익었다는 것이죠. 근본적으로는 대상이 주체의 상태와 관련 없이 객관적으로 분석될 수 있다고 하는 과학의 기본 전제가 부정되면서 과학이 인식 자체에 대해 고려하기 시작했다는 것입니다.

생명과학 분야에서 이런 현상은 두드러집니다. 면역학의 최근 경향은 면역체계가 외부 물질의 침입에 대해 단순히 방어기제를 작동시키는 게 아니라 자타를 구분하기 어려운 상황으로 가는 것이 우선이라고 합니다.

다른 하나는 철학적 사유의 변화를 들 수 있습니다.

철학은 이분법적으로 주체와 대상을, 현상과 본질을 다뤄왔습니다. 구조주의와 현상학은 대상은 주체와의 관계성에 대한 전제 없이 파악할 수 없다는 근본적 인식 자체에 대한 반성에서 출발합니다. 켄 윌버는 20대에 쓴 『의식의 스펙트럼』이라는 책을 통해서 인간의 근본적 분열에 대해서 설명합니다. 분열의 가장 밑바닥에는 주체와 대상을 나누어 보는 착각이 존재합니다. 이로부터 자아와 타자, 몸과 마음으로의 분열이 연속적으로 확대됩니다.

또 하나는 대중이 복합적인 체험을 원한다는 것입니다.

'대중'이라는 의미가 한국적인 상황에서는 다소 특수한 면을 가지고 있다고 생각합니다. 근대 이후로 민중사적으로 가장 뚜렷한 족적을 가져온 것이 바로 한국 민중이었다는 생각이 들 정도로 한국의 대중적 경험은 독특합니다. 대중을 민중으로 단순 치환하기는 무리가 있겠지만 특히 근래 대중문화의 흐름을 보면 대중 주도의 흐름이 명확한 특성을 보입니다.

1980년대까지의 한국 대중문화는 사실상 영화, 드라마, 대중음악 등을 막론하고 외래문화 일색이었다고 볼 수 있습니다. 1990년 초에 들어서면 서 서태지라는 걸출한 천재의 영향이기도 하지만, 대중은 과감하게 한국의 대중가요를 주류로 올려놓았고, 다음은 영화였죠. 1995년을 지나면서 한국 영화는 서서히 국내에서 할리우드의 영향력을 감소시킬 만한 파괴력을 갖춰가게 됩니다. 그리고 드라마. 드라마는 좀 더 특별한 대중적 참여가 가능했습니다. 국내 드라마 제작의 열악한 상황이 오히려 전화위복이 되었다고 보는 사람도 있는데, 대중이 드라마의 전개를 바꿔놓는 상황이 벌어진 거죠. 특히 결말은 대중의 입김이 강력하게 반영되어 작가나 연출자의 의도와 완전히 반하는 방향으로 치닫기도 합니다. 어찌보면 황당한, 이런 참여를 넘어 간섭에 이른 대중의 영향력이 바로 한류 열풍의 중요한 비결이라고 보는 사람도 있습니다.

아무튼 1990년대 이후 지속적으로 대중은, 우리 문화를 중심으로, 주류로 부상시켰습니다. 그것이 한국 역사상 처음으로 한국이 아시아 전역을 넘어 남미나 아프리카까지 문화를 수출하는 상황으로 이어지게 한 동력이었다는 것은 부인하기 어렵습니다.

그리고 한국 대중에게 독특한 또 하나의 특성은, 기술 친화적이고 얼리 어댑터적인 마인드가 강하다는 것입니다. 이것이 수직적이고 폐쇄적인 한

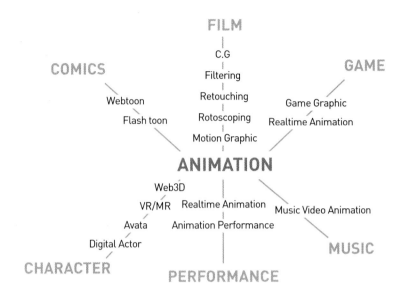

국 전통의 관계문화에서 나왔든, 좁은 땅에 빼곡이 자리잡은 아파트라는 주거문화에서 나왔든, 한국의 대중은 세계에서 가장 빠른 초고속 인터넷을 즐기게 되었고, 한국은 테스트 베드 국가, 베타 테스터의 나라라고 인식되고 있습니다.

그 한국의 대중들이 더 이상 단순하고 일방적인 경험을 원하지 않고 있는 듯 보입니다.

만화 · 애니메이션과 컨버전스는 어떤 관계가 있나요?

만화든 애니메이션이든, 기본적으로 글과 그림, 또는 모션과 사운드의 조합입니다. 리얼리티와 판타지의 조합이고요, 보이는 세계와 보이지 않는 세계를 연결하는 매개입니다. 관찰과 몰입이라는 능동-수동 체험의 총합이고요. 내용-형식-기법-재료-감상 면에서 만화 애니메이션은 컨버전스적인 특성을 내포하고 있습니다.

표와 같이 애니메이션을 중심에 두면, 문화산업 분야의 나머지 영역-영화, 게임, 만화, 방송, 음악, 공연, 캐릭터-등과의 사이에서 독특한 경계 장르, 컨버전스 영역이 형성됩니다. 애니메이션과 영화의 사이에서, 애니메이션이라고 부르기도 어렵고, 영화라고 부르기도 어려운 컨버전스 콘텐츠가 만들어지는 거죠.

물론, 애니메이션 말고도 다른 것을 중간에 넣어보는 일은 얼마든지 가능하지만, 그 결과는 애니메이션 만큼 다양한 경계 장르, 컨버전스 콘텐츠를 생성시키지 못할 겁니다. 이것이 특히 애니메이션에게 콘텐츠 컨버전스를 주도할 역할을 부여하게 되는 기반이고요.

44 미디어 환경의 변화와 만화, 애니메이션, 게임 사이의 관계

미디어 환경의 변화에 따라 애니메이션과 만화, 게임 사이의 관계가 어떻게 변화해 갈지 정리해 주시면 좋겠습니다.

말이나 글보다 앞서, 이미지는 사람들 간의 커뮤니케이션에 중요한 도구였습니다. 이미지를 생산하고 언어와 문자로 구체화시킨 인간은 다른 동물에 비해 탁월한 생존 능력을 토대로 문명을 이뤄냈죠. 어찌 보면 인간의 소통, 커뮤니케이션이 발달한 요인 중 하나는 인간이 가지고 있는 선천적 나약함과 독립을 위해 필요한 상대적으로 긴 시간, 그리고 열악한 자연환경이 아니었나 생각됩니다.

　오히려 날씨가 온화한 남반구보다 북반구에서, 그리고 천혜의 환경이기도 했지만 잦은 범람으로 인간에게 가장 큰 생명의 위협의 하나였던 강을 중심으로 4대 문명이 형성된 것도 인간의 환경에 대한 적응력과 그를 위한

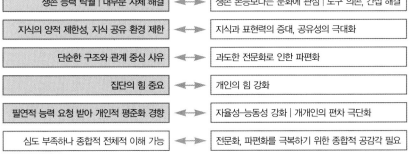

커뮤니케이션의 중요성을 생각해 볼 수 있는 근거가 된다고 합니다.

이미지와 언어, 문자의 단계까지 커뮤니케이션은 직접적인 방식을 크게 벗어나지 못했다고 볼 수 있습니다. 이것을 획기적으로 개선한 건, 인쇄술이었고요. 이런 의미에서 금속활자가 한국에서 가장 먼저 만들어졌다고 하는 것은 대단한 의미를 갖는 일이라고 봅니다. 그리고 또 한 번의 인류 문명사의 대사건, 컴퓨터와 인터넷의 발명은 커뮤니케이션의 속성을 완전히 바꿀 만한 일이었습니다.

인쇄술의 발명 이전과 이후를 비교해 보면, 인류의 지식과 문화 전반의 폭발적인 진화를 볼 수 있습니다. 그러나 다른 한 편으로는 개별화되고 파편화되는 경향도 또한 읽혀집니다. 이에 대한 반향으로 다시 융합과 통섭의 요구가 일어나고 있는 거겠지요.

그런데 중요한 것은 전문화와 개별성을 주도했던 미디어의 변화가 다시 이번에는 융합과 통섭을 지지하고 있다는 겁니다. 아프리카라는 1인 방송 채널 사이트에는 천만 개가 넘는 1인 방송국이 있다고 합니다. 또 창작 영역에서도 1인 창작, 1인 기업 등의 새로운 움직임들이 있고요. 미디어 향유자인 대중들에게도 미디어는 점차 개별적인, 대중화된 개별 미디어의 형태로 진화하고 있는 상황입니다.

만화, 애니메이션은 대중화된 개별 미디어의 시대에 내러티브(서사)와 인터렉티브(대화)를 기반으로 콘텐츠와 콘텐츠를 연계하고 미디어와 미디어 사이를 넘나드는 멀티콘텐츠로서의 역할을 요구받고 있습니다.

만화, 애니메이션, 게임의 관계는 어떻게 보십니까?

개인적인 경험치 안에서 게임을 정의 내린다는 것은 무리라고 생각되지만, 역시 우선 출발로서 게임을 규정해 보자면 이렇습니다. 사전의 풀이와는 관계 없는 내용일 수 있습니다.

> 목표를 설정하고, 규칙을 공유하며, 체험을 기반으로 하는 오락성 콘텐츠.

미디어 환경의 변화와 발전은 큰 틀에서, 콘텐츠의 변화를 주도합니다.

	만화	애니메이션	게임
관람 태도	관찰	몰입	관찰 + 몰입
요소의 비중	내러티브(스토리)	모션, 타이밍	Goal, experience
기능성	설명의 디테일 가능	모션 중심 설명	실습 병행 가능
콘텐츠의 위치 특성	칸과 칸 사이 글과 그림 사이	캐릭터와 스토리 사이 이미지와 사운드 사이	스토리와 체험-참여 사이
주제 표현 (고통-해소)	심리적 묘사와 정황을 구체적으로 설명하여 전개한다.	고통을 받는 표정과 동작 등을 구체적으로 묘사	고통을 체험하고 이를 해결하는 과정에서의 쾌감을 증폭
변형-확장 가능성	전시 요소를 극대화시킨다. 콘텐츠의 안과 밖을 오가며 체험 병행	몰입적 특성을 극대화하기 좋다.	체험 요소를 강화하고 주시-몰입의 복합성 활용
콘텐츠 사이 보기	만화와 애니메이션은 자유로운 내러티브, 연출의 타이밍에서 만난다.	애니메이션과 게임은 재료와 형식이라는 틀에서 만난다.	

그러나 결국 미디어의 생존 여부를 결정하는 것은 주로 콘텐츠에 의해서라고 할 수 있습니다. 복합적인 멀티 소스 멀티 유스MSMU[44] 환경에서 미디어와 콘텐츠는 상호보완하며 공진화해 갑니다. 새로운 콘텐츠가 기획되면, 그에 맞는 미디어/비클이 개발되고 이들은 서로 공진화하며 좀 더 밀도 있고, 복합적인 경험을 유저들에게 제공합니다.

디지털 콘텐츠 4대 영역 중 만화-애니메이션 게임은 비실사 영역이라는 틀로 묶일 수 있습니다. 우선 이들은 여러 측면에서 묶일 수도, 구분되어 강화될 수도 있는 관계성을 가지고 있죠.

45 볼 만한 애니메이션 페스티벌

앙굴렘이나 안시 같은 알려진 만화, 애니메이션 페스티벌은 좀 알고 있습니다만, 이 외에도 국내외의 페스티벌이 많겠지요? 눈여겨 볼만한 좋은 페스티벌을 좀 소개해 주시죠.

페스티벌을 몇 번 진행해 보면서 경험한 것은, 페스티벌이라는 게 어떻게 준비하느냐에 따라 달라지기도 하지만, 그에 못지않게 중요한 것이 '뜻밖의 만남'이라는 요소가 아닌가 합니다. 페스티벌에는 수많은 변수가 끼어듭니다. 초청자와 관객, 작품들과 작품, 작품과 관객이 서로 만나고 부딪치며 우연한 마주침의 결과를 만들어냅니다. 우연의 스파크입니다.

　우연의 스파크는 단지 작품이나 초청 작가를 통해서만 이뤄진다기보다는 페스티벌이 이뤄지는 공간과 그 속에서 만나는 사람들과의 관계에서 생겨납니다.

이런 점에서 프랑스의 안시는 특별한 공간, 특별한 사람들과의 만남이라고 볼 수 있습니다. 이런 점에서 프랑스의 안시 애니메이션 페스티벌은 가장 대표적인 애니메이션 페스티벌입니다. 본래는 칸 영화제의 애니메이션 영역으로 출발해서 지금은 중남부의 아름다운 도시, 대표적인 휴양도시인 안시에 자리 잡았습니다.

안시 애니메이션 페스티벌은 기본적으로 독립 애니메이션Independent Animation의 잔치입니다. 독립 애니메이션이란 상업적인 목적에서 출발하지 않는 순수창작 애니메이션이라고 볼 수 있습니다. 상업성을 전혀 고려하지 않을 수는 없겠지만, 대중 트랜드보다는 작가적 마인드가 우선되는 작업이라고 보면 됩니다.

근래에 안시 애니메이션 페스티벌은 미파MIPA라는 전시 부스를 운영하면서 상업 영역으로의 확장을 적극 모색하고 있는 것으로 보입니다. 한국은 2000년 이후 〈마리 이야기〉, 〈오세암〉 등이 최고상을 수상하고, 주빈국으로 초빙되는 등 활약을 보여주고 있습니다. 작은 도시 안시의 시장과 부시장은 안시 애니메이션 페스티벌을 위해서 강력한 지원을 하고 있고, 안시 애니메이션 페스티벌이 열리는 6월에는 도시 전체가 축제 분위기로 휩싸입니다.

도시 곳곳에 흩어져 배치된 프로그램에 참가하기 위해서 박물관, 극장, 호텔 등을 누비는 안시의 순례객들은 마치 잘 가꾸어진 테마파크에 온 것처럼 안시의 아름다운 호수, 산, 그리고 예쁜 마을들에 젖어듭니다.

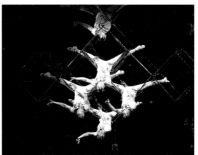

아트 앤 테크놀러지의 상징, 미국 시그래프 　　　스케일과 전통문화를 보여주는 중국 항주 페스티벌

　일본에는 오랜 역사와 자부심의 히로시마 애니메이션 페스티벌이 있습니다. 집행위원장 사요꼬 기노시다는 히로시마 애니메이션 페스티벌의 상징적 존재입니다. 그녀는 데스카 오사무와 함께 일하기도 했었죠. 상업성을 배제하고 철저하게 작품성과 예술성을 내세우는 히로시마 애니메이션 페스티벌은 꼼꼼한 심사와 정성스런 코멘트로 잘 알려져 있습니다. 매년 8월에 열리는, 내실로 꽉 찬 페스티벌입니다.

　중국에는 각 성별로 수많은 애니메이션 페스티벌을 경쟁적으로 열고 있습니다. 가장 규모가 큰 것은 항주 애니메이션 페스티벌이죠. 중국을 가보지 않았더라도 한 번쯤은 들어봤을 법한 서호가 있는 항주에서, 매년 4월에 열립니다. 세계 유명 페스티벌에 비해 역사는 짧지만, 스케일이나 화려함은 단연 세계 최대라고 볼 수 있습니다. 전통을 접목하려는 시도도 많고요.

　최근 다시 이슈가 되고 있는 아트 앤 테크놀러지Art & Technology 영역의 대표적인 행사로는 시그래프SIGGRAPH를 들 수 있습니다. 시그래프는 원래 컴퓨터 그래픽 영역의 관심사를 공유하는 학회 행사였습니다. SIG는 Special Interest Group이라는 의미죠. 미국에서 해마다 개최되고 있고 역사는 약 40년이 되어갑니다.

시그래프의 메인 프로그램은 크게 컨퍼런스, 코스, 컴퓨터 애니메이션 영화제, 전시 등이 있고 컨퍼런스에는 다시 페이퍼, 스케치, 에듀케이션 등의 세부 영역이 있습니다. 테크놀러지로서의 CG와 아트워크로서의 애니메이션이 결합된 형식으로, 디자인, 가상현실, Web 3D, 게임 영역까지 포괄하는 행사입니다. 할리우드가 자리 잡고 있는 LA를 중심으로 미국의 주요 도시인 샌프란시스코, 샌디에고, 샌안토니오, 뉴올리언즈, 보스턴 등의 컨벤션센터를 돌면서 진행됩니다.

2008년부터 시그래프는 아시아 여러 나라를 돌면서 시그래프 아시아를 병행하고 있습니다.

46 만화·애니메이션이 사람들에게 도움되는 점

하루하루를 숨 가쁘게 살아가는 현대인들에게 만화나 애니메이션은 어떤 역할을 할 수 있을까요? 한마디로 만화·애니메이션이 사는데도 도움이 되나요?

만화 애니메이션은 한마디로, 꿈이고, 상상이고, 무의식에서 건져 올린 보석 같은 게 아닐까 생각해 봅니다. 만화는 공간이 꾸는 꿈이고, 애니메이션은 시간이 보여주는 꿈의 세계입니다. 다큐멘터리가 드라마나 영화보다 현실을 더 직접적으로 보여주기는 하지만, 그것이 꼭 삶의 진실에 더 가깝다고 보기는 어렵습니다. 다큐는 드라마보다 일반적으로 더 강한 메시지와 의도성을 가지고 만들어지죠.

현실은 드러나는 면과 드러나지 않는 면이 어우러져 있습니다. 현실을 그대로 현실로서 이해하고 분석 가능하다는 근대 과학과 철학의 자만은 이제 그다지 영향력을 갖지 못하거나 더러 격렬한 공격을 받고 있습니다. 현대의 과학과 철학은 종교적 신비주의나 예술적 초현실성에 도취된 듯, 근원적으로 우리 시각의 변화를 요구합니다. 양자물리학, 불확정성 원리, 구조주의, 현상학, 실존주의는 근대의 과학, 기술, 철학이 이뤄놓은 성취들을 거의 원점으로 돌려, 처음부터 다시 시작하지 않으면 안 되는 난처한 지경까지 밀어 붙였죠.

실제로 세상은 나눌 수도 없고, 나눠서도 안 되는 복잡성을 지닌 유기체적 존재라는 거고요, 최근의 물리학, 생명과학은 본질적으로 너와 나, 주체와 대상도 나눠지지 않는다는 초월적 인식에까지 이르렀습니다.

양자물리학의 관점은 정말 놀랍더군요. 지금의 내 생각이나 행동이 과거를 변화시킬 수 있다든지, 내가 서로 다른 공간에 동시에 존재할 수 있다든지…… 일체유심조를 그대로 증명해 놓은 듯한 느낌을 받습니다.

정말 그렇습니다. 재미있지요. 마치 첨단 과학의 입을 빌려 불가해한 종교의 신비경을 더듬어 가는 듯한 느낌 아닙니까? 더구나 놀라운 것은 양자물리학이 단지 이론물리학의 세계에 머물지 않고 양자컴퓨터 같은 구체적인 형태로 현실세계에 영향을 미친다는 것입니다.

디지털은 본래 0과 1이라는 '아날로그의 숫자화'에서 출발했습니다. 0과 1은 다시 말하면 +와 −, On과 Off, 즉 음과 양을 의미합니다. 0과 1, 그리고 8비트로 모든 아날로그를 풀어내는 디지털의 원리를 주역의 음양팔괘라는 원리와 비교해서 설명하기도 합니다.

그러나 엄밀히 말하면 디지털의 0 – 1과 주역의 음 – 양은 상당히 다릅니다. 디지털은 0과 1 사이에 어떤 가능성도 없는 단절의 세계라면 주역의 음 – 양은 사이에 무한 스펙트럼을 담고 있습니다.

'상생상극 또는 음양상추, 음양상승' 과 같이 음과 양의 관계에 더 주목하는 것이 동양에서 대립을 수용하는 방식입니다. 그러나 디지털도 진화하면서 주역의 음양을 닮아가고 있습니다.

바로 이 디지털의 진화가 바로 양자컴퓨팅이라는 이름으로 실현되고 있습니다. 0과 1 이외에 0도 아니고 1도 아닌 것, 0이면서 동시에 1인 것이 인정되는 것이 양자컴퓨팅입니다.

양자물리학에 대해서 구체적으로 언급할 입장은 못 되지만, 말씀하신 대로 지금의 내 생각이나 행동이 과거를 변화시킬 수 있다든지, 서로 다른 공간에 내가 동시에 존재할 수 있다든지 하는 것이 어떻게 가능할까 하면 바로 '생각' 안에서는 가능하다는 겁니다. 이런 발상 자체가 가설 – 실험 – 증명을 기본으로 하는 현대과학에서 제기되었다는 것이 놀랍죠.

다시 주제로 돌아와서, 만화는 직관적입니다.

직관적이라고 하는 것은 거의 누구에게나 한 눈에 알아볼 수 있는 쉽고 친근한 메커니즘을 가지고 있다는 거죠. 그런가 하면 만화는 또 보이지 않는 세계를 표현할 수 있는 많은 테크닉을 갖추고 있습니다. 쉽고 친근한 메카니즘으로서의 단순성과 보이지 않는 세계를 표현하는 다양한 테크닉을 지닌 복잡성의 공존이랄까요. 결국 세계가 단순성과 복잡성을 모두 내포하고 있다면, 만화의 이 스펙트럼이야말로 현실을 직시하는데 가장 도움 되는 매개가 될 수도 있습니다.

애니메이션은, 더욱 쉬운 인터페이스와 간결한 메시지를 요구받습니다. 만화에 비하면 애니메이션이 더 수동적 매체이기 때문입니다. 수동적이라는 것은 애니메이션의 디렉터가 지정해 놓은 타이밍, 시간 연출에 노출된다는 의미입니다. 만화는 감상의 과정에서 나의 호흡대로 즐길 수 있지만, 애니메이션은 디렉터가 지정한 시간동안 한 눈을 팔면 전체를 이해하는데 어려움을 겪게 될 수도 있습니다. 영화에 비해서도 단순한 스토리와 전개를 요청받는데, 이것은 우리가 늘 보는 사실적 형상, 사실적 움직임, 사실적 연출이 아닌 비사실적이고 환상적인 형상, 움직임, 연출 요소를 가지고 있기 때문입니다.

요약해 보면, 만화나 애니메이션이 가지고 있는 복잡성과 단순성 사이의 스펙트럼 자체가 삶의 그것을 닮아 있고, 그래서 삶을 표현하는 데도 더 다양한 방법적 가능성이 존재한다는 것이고, 그 스펙트럼을 통해서 삶의 실체에 근접하게 다가갈 수도 있겠고, 미래 애니메이션은 더더욱 단순성과 복잡성 사이의 스펙트럼이 확장되고 주시와 관찰체험 사이의 폭도 더 넓어질 수 있으리란 겁니다.

게임에 참여하는 방식에 대해 예를 들면, 지금은 주로 게임 캐릭터, 즉 아바타를 매개로 게임에 접근한다면, 앞으로는 내가 직접 어떤 매개도 없이 가상 또는 현실과의 게임에 직면하게 될 것입니다.

그리고 지금은 단지 손의 조작이 게임에 참여하는 정도라면, 앞으로는 호흡, 맥박, 몸 전체, 뇌파, 또는 생각 자체가 게임의 컨트롤러가 될 수 있습니다. 전면적인 참여죠.

게임의 세계라는 것도 지금은 단지 가상의 세계에 그치지만, 앞으로는 현실에 직접, 또는 현실과 가상이 연계된 어떤 배경 위에서 진행될 수 있습니다.

그래서 결국 사람들은 좀 더 복합적인 방식으로 '콘텐츠'에 직면하게 될 겁니다. 좀 질러나가는 이야기가 될 수도 있지만, 미래의 콘텐츠는 콘텐츠의 한계를 벗어나게 될 것이라고 생각합니다.

미래의 콘텐츠는 일상을 파고들어 일상과 비일상의 간극을 메우고, 소모적으로 때로는 자극적으로 콘텐츠에 접근하기 보다는 주체적-능동적-생산적으로 접근할 수 있게 되리라는 것은 전망이기도 하고 바람이기도 합니다.

47 몸과 마음과 일상 콘텐츠의 등장

몸과 마음이 게임의 컨트롤러가 되어버린 그 콘텐츠를 게임이라고 부를 수 있을지 모르겠습니다.

'게임'이라는 용어 자체는 지금 게임 영역에서 일어나고 있는 움직임들을 모두 담기에 다소 어려움이 있다고 생각합니다. 게임이라는 말이 워낙 오락적인 요소가 강한 표현이니까요. 그런 용어의 특성 때문에 더욱 이 시대에 주목받는 것일 수도 있지만요.

하지만 게임이 전면적으로 일상으로 확장된다면, 더 이상 게임이라는 말로 이것들을 묶지 못할 수도 있습니다. 그래서 인포테인먼트나 에듀테인먼트 같은 용어들이 쓰이고 있는 거고요.

서구에서 일반적으로 받아들여지고 있는 용어 '시리어스 게임Serious Game'이라는 말은 좀 옹색하게 느껴집니다. 진지한, 심각한 게임, 어떤가요.

같은 내용의 다른 표현으로 '포지티브 게임Positive Game'이라는 용어도 있습니다. 이런 표현은 기존의 일반적인 게임에 대한 부정적 뉘앙스를 강화시키는 표현이기도 합니다. 국내에서는 주로 '기능성 게임'이라는 표현을 씁니다. 어쩌면 좀 딱딱하기는 하지만 내용 자체를 담기에는 이런 표현이 좀 더 직접적이고 적합할 수도 있습니다.

아무튼 게임이라는 말이 지금의 폭발적인 게임 주변 콘텐츠들의 변화 양상을 담아내지 못하기 때문에 일어나는 일들입니다. 조만간 옹색하지 않은 적합한 표현들이 나오지 않을까요.

콘텐츠 영역의 혁명적인 변화들은 주로 게임 영역에서 일어나고 있나요? 만화나 애니메이션은 어떻습니까?

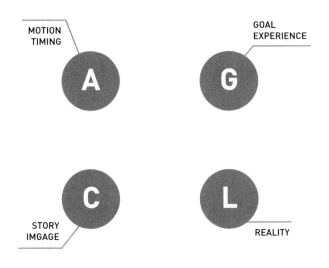

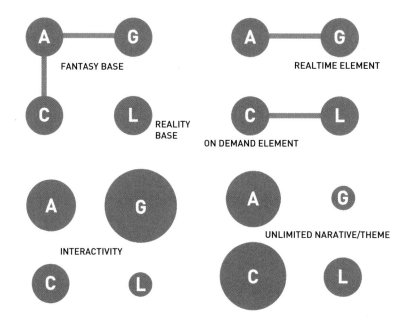

만화, 애니메이션, 영화, 게임은 주목받는 네 방향의 디지털 콘텐츠 영역입니다. A는 애니메이션, C는 Comics – 만화, G는 게임, L은 Live Action – 영화죠. 이 네 가지 영역을 구분하려면 어떤 기준이 필요할까요.

애니메이션은 움직임과 타이밍을 근간으로, 게임은 목표와 경험, 만화는 글과 그림, 라이브 액션은 리얼리티에서 출발한다고 볼 수 있습니다.

애니메이션, 만화, 게임은 판타지를 기반으로, 라이브 액션은 리얼리티를 기반으로 합니다. 미래 기술과 관련한 콘텐츠의 지향에서는 애니메이션

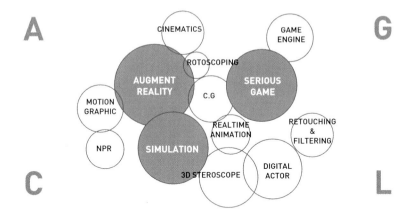

과 게임은 리얼타임 요소를 가지고 있고 만화는 주문형, 맞춤형 콘텐츠로서의 특성이 있고요.

인터렉티브 측면에서는 게임 – 애니메이션 – 만화 – 라이브액션 순으로, 내러티브 수용의 능력에서는 만화 – 애니메이션 – 라이브액션 – 게임 순으로 가능성과 확장성을 가지고 있다고 볼 수 있습니다.

디지털 콘텐츠의 네 영역 사이에는 서로가 가진 분명한 장단점이 드러납니다. 이런 장단점들을 어떻게 연계하고 또 특화할 것인가가 남겨진 과제인 셈입니다.

아무튼, 어떤 영역이 특별히 가능성이 있다기 보다는 각각의 특성과 장단점을 놓고 이를 보완하거나 또는 강화하는 방향으로 확장시키거나 하는 선택이 필요한 거죠.

기존 디지털 콘텐츠 영역의 네 기둥 사이에 그 어떤 영역에도 단순 포함시키기 어려운 영역들이 자라나고 있습니다. 융합의 결과이기도 하지만, 전문화의 과정이기도 합니다.

그리고 이 사이 영역들은 기존 네 영역의 비중 못지않게 큰 의미와 가치를 형성해 가고 있습니다. 그리고 이 영역들은 기존 콘텐츠의 영역에 머무르지 않습니다. 콘텐츠가 몸과 마음의 영역으로 진입한다는 것은 다시 말하면 일상 전반과 함께 한다는 의미입니다.

48 마음 콘텐츠, 일상 콘텐츠의 사례

마음의 콘텐츠, 일상의 콘텐츠는 구체적으로 어떤 모습일까요.

컨버전스, VR-AR, 유비쿼터스로 요약해 볼 수 있는 디지털 혁명은, 마음을 닮아갑니다.

디지털 혁명은 대중의 요구와 테크놀러지의 변화에 근원하는데, 테크놀러지 개발의 원천은 역시 대중의, 인간 근원에 내재된 뿌리 깊은 욕구에 기인하고요. 사람 사람의 마음에 근원적 필요성으로 느끼는 것과 마음을 회복해 가는 과정으로서의 회귀 본능 등에 의해서 디지털은 필연적으로 마음의 구조와 속성을 닮아갈 수밖에 없다는 생각입니다.

디지털 컨버전스는 마음의 복합성과 동시성을 반영합니다. 컨버전스(융복합화)와 다이버전스(단순화, 전문화)는 방향으로 보면 원심력과 구심력입니다. 마음은 놓고 잡는 집-방, 다시 말하면 수렴과 발산이 순환되는 컨버전스와 다이버전스적 속성의 근원입니다.

가상과 현실의 호환. 아날로그를 닮은 디지털 세계의 구축으로서의 VR은 마음의 인식 구조를 반영합니다. 불교의 심층심리, 유식학에서 밝힌 마음의 인식 구조는 전오식이라는 오감을 통해 인식되어 여섯 번째 의식으로 통합됩니다. 가상현실의 구조는 오감을 자극하여 실재하지 않는 것을 실재하는 것처럼 느끼게 하는 원리라고 볼 때 VR은 인간 인식 구조의 전면을 자극하는 기술이고요. AR은 VR의 일상으로의 확장으로 보면 되겠죠.

유비쿼터스는 마음의 연속성과 닮아 있습니다. 아날로그에서 디지털로 이행되는 디지털 태동기에 시간은 연속성에서 불연속성으로 변환되었죠. 0과 1사이에는 어떤 중간자도 있을 수 없었습니다. 그러나 유비쿼터스 환경에서, 시간은 다시 연속성을 회복합니다. 유비쿼터스의 편재에 의한 연속성의 회복은 마음의 속성과 만납니다.

디지털 콘텐츠에 대한 활용의 측면에서 보면, 마음 콘텐츠 시대로의 진입에서 컨버전스는 막힘이 없고 치우침이 없는 마음의 발견에 역할할 수 있습니다. 한편으로, 컨버전스와 다이버전스는 대조적 관점의 개념이라기보다는 생명체의 호-흡 과정처럼, 마음의 집-방처럼 자연스러운 음양의 순환으로 받아들여질 수 있습니다.

VR, MR 등을 통해서는 오감의 개방과 의식, 아뢰야식으로의 입-출에 있어서 유무를 초월한 자리를 관조하는 마음의 양성, 마음의 연마 과정에 역할할 수도 있습니다.

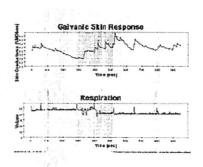

자존심 높이기 게임   센서에 의한 선 명상 체험 기록

유비쿼터스를 통해서는 마음의 실행 단계에서 다양한 활용이 가능합니다. 디지털 콘텐츠가 마음 콘텐츠로 활용되는 사례는 아직 드물지만 찾아볼 수는 있습니다. 몇 가지 명상을 위한 영상들이 그렇고 캐나다에서 개발된 '자존심 높이기 게임'[45)]등도 있죠.

그런가 하면 시그래프를 통해 전시되었던 호흡과 피부 반응을 통한 좌선 체험 테크놀러지도 있습니다.

20분 동안의 선, 명상 체험 신청서에 사인을 하고 그 작은 부스 중 하나로 들어갔다. 도우미는 가슴과 손가락에 센서를 붙여주었다. 가슴센서는 혈압을 재는 듯한 압박 붕대의 느낌이 들었다. 그리고 의자에 앉힌 다음 HMD(Head Mounted Display)를 씌웠다. HMD의 안경으로 영상이 보이기 시작했다. 해가 뜨고, 지고, 몸의 긴장을 풀게 하는 다양한 영상을 보여주고, 몸의 각 부위를 이완시키는 방법을 마치 내 눈으로 내 몸을 보듯이 설명해 주었다. 그렇게 10분간, 선의 기본을 설명한 뒤에 HMD의 영상이 사라졌다. 10분간 선을 마치고 다시 도우미가 장비의 해체를 도와주었다.

부스 밖으로 나오니 위 그림과 같은 결과물을 보여준다. 20분 동안의 선체험에서 나의 피부 반응과 맥박이나 호흡이 어떻게 움직였는지를 그래프화시켜서 보여주었다. 물론 부스에 들어가기 전에 착용했던 센서에 의해서.[46)

마음 콘텐츠의 대중화에 대한 하나의 접근으로서 이러한 '눈에 보이는 결과치' 는 상당한 설득력을 가질 수 있다고 봅니다. 여기에 뇌파에 대한 연구가 덧붙여진다면 수양의 단계를 측정해서 좀 더 구체적으로 마음에 접근할 수 있다고 봅니다.

[주]

45) http://www.selfesteemgames.mcgill.ca/games/index. htm

캐나다 맥길대학 심리학과 연구팀은 심리학적인 검증을 거쳐 이 게임을 내놓았다. 게임(http://www.selfesteemgames.mcgill.ca/games/index.htm)은 세 가지다. 단계별로 '아이 스파이Eye Spy', '앰 Wham', '그로 유어 치Grow your Chi' 다. 아이 스파이는 긍정적인 것에 집중함으로써 부정적 시각을 교정하는 것이고, 2단계인 앰은 긍정적 사고를 할 수 있도록 조건반사를 기른다. 3단계인 그로 유어 치는 웃는 모습과 연결시켜 자존심을 북돋우도록 했다. 아이 스파이 게임을 해보자. 게임을 시작하면 16명의 얼굴 사진이 가로 세로 4명씩 나타난다. 그 중 15명은 얼굴을 찡그리고 있으며, 한 명만 웃는 얼굴을 하고 있다. 게임하는 사람이 웃는 얼굴을 클릭하면 장면이 바뀌면서 16명 중 누군가가 웃는 얼굴로 바뀐다. 웃는 사람이 계속 바뀌는 것이다. 이렇게 게임에 열중하다 보면 게임하는 사람은 어느새 부정적 생각보다 긍정적인 사고를 하게 된다는 것이다.

연구팀은 이렇게 게임을 하게 한 뒤 자존심을 측정한 결과 대부분 높아졌다는 연구 결과를 내놓았다.

46) 필자 본인의 센서에 의한 선, 명상 체험기.

49 추천할 만한 애니메이션 작품

좋은 작가나 작품 몇 개 소개해 주시죠. 개인적으로 어떤 작품이 가장 와 닿던가요?

이미 많은 작가와 작품을 소개했습니다만, 가장 먼저, 역시 프레데릭 백 Frédéric Back의 작품들을 다시 추천하고 싶네요.

대표작은 〈크랙!Crac!, 1980〉, 〈나무를 심은 사람The Man Who Planted Trees, 1987〉 이고요. 자연의 예술가, 바람의 애니메이터, 프레데릭 백은 애니메이션의 성자라고 불릴 만한 사람입니다.

오랜 시간을 들여 거의 혼자 힘으로 만든 그의 애니메이션은 결국 그의 눈을 멀게 만들 정도였습니다. 독한 약품에 장시간 노출되었기 때문이죠.

자극적이거나 선동적으로 메시지를 전달하기 보다는 따뜻한 시선과 부드러운 움직임, 자연을 빼닮은 드로잉으로 사람들을 그의 세계로 초대하는

〈크랙〉　　　　　　　　　　　〈나무를 심은 사람〉

프레데릭 백은, 강요하지 않은 채로 사람의 마음을 움직이게 합니다.

　"백에게 이런 작품이 가능한 것은 세계를 보는 '시선'에 의해서이다. 노인의 얼굴, 그리고 먼 곳을 보고 있는 시선…… 이것을 백이 묘사하고 싶었을 것이다……."라고 미야자끼 하야오는 그에게 무한 찬사를 보냅니다.

　〈아브라카다브라Abracadabra, 1970〉를 시작으로 애니메이션 역사에 가장 강렬한 흔적을 남긴 남자, 프레데릭 백의 창작의 여정은 시작됩니다. 1980년에 만든 〈크랙〉은 그에게 오스카상을 안겨주었죠. 〈크랙〉에서 프레데릭 백은 흔들의자의 삶을 통해서 인간의 문명과 소외를 바라봅니다.

　흥겨운 캐나다의 민속음악과 춤추듯 부드럽게 이어지는 화면의 전환, 화려함과 투박함이 함께 묻어나는 드로잉은 아이들에게도 즐겁게 보면서 다시 한 번 자연과 환경, 인간에 대해 느끼게 해 줄 것입니다.

　〈크랙〉 이후 7년 만에 그의 최고 걸작 〈나무를 심은 사람〉이 탄생합니다. 〈나무를 심은 사람〉은 프랑스의 문인 장지오노Jean Giono의 동명 소설을 원작으로 해서 만든 작품이고, 프레데릭 백에게 두 번째 아카데미상을 안겨줍니다. 이 작품의 주인공 엘자르 부피에는 프레데릭 백의 화현일지도 모릅니다. 세상의 변화에 방해받지 않고, 아무런 대가도 바라지 않고 묵묵히 나무를 심어, 프로방스 지방의 황무지를 거대한 숲으로 변화시킵니다.

비록 소설을 원작으로 했지만, 결국 이 작품을 통해 캐나다에 나무심기 운동이 벌어지게 했고, 수억 그루의 나무가 심어지게 됩니다. 그는 애니메이션이 단지 영상의 유희보다는 교육적인 어떤 것이기를 바랐다고 합니다. 〈나무를 심은 사람〉이 바로 그런 전형이 되겠지요.

> "그는 도토리 한 개 한 개를 세밀히 살피더니 좋은 것만을 골라내었다.
>
> 내가 돕겠다고 하니까 자기 일이라고 했다.
>
> 얼마나 꼼꼼히 일을 하는지, 나는 우기지 않았다.
>
> 우리가 말을 한 것은 그때뿐이었다.
>
> ......
>
> 이 사람과 있으니 매우 평화로웠다.
>
> 이튿날 아침 나는 하루 더 머물며 쉬어도 되겠느냐고 물었다.
>
> 그는 내 부탁을 아주 당연히 받아들였는데
>
> 그때 받은 인상은 아무것도 그를 방해할 수 없는 것 같았다."

아무것도 그를 방해할 수 없는 사람, 그가 엘자르 부피에였고, 바로 프레데릭 백이 아니었을까 생각해 봅니다.

우리는 주로 TV나 극장에서만 애니메이션을 접합니다. 〈애니갤러리〉 같은 중단편 애니메이션을 소개하는 프로그램도 있기는 합니다만.

남산에 있는 애니메이션 센터나 지역 도서관에도 독립, 예술 애니메이션 작품들을 접할 수 있을 겁니다. 독립작품 영역에 빛나는 애니메이션들이 많죠.

캐나다 NFBC에서 활동하던 작가들, 노먼 맥러렌, 유리 놀슈테인, 이슈 파텔, 캐롤라인 리프, 죠르쥬 슈비츠게벨…… 주옥같은 작가와 작품들입니다. 슈비츠게벨만 해도 일생에 30여 편의 작품을 만든 것으로 알고 있습니다.

〈보노보노〉 애니메이션은 지나친 슬랩스틱으로 인해 원작 만화의 매력이 다소 반감되기는 했지만, 역시 함께 보면서 얘기를 나눌 만한 많은 철학적 주제들과 삶의 이야기들이 있는 작품이고요, 무엇보다 대부분의 아이들이 즐겁게 볼 수 있다는 게 장점이겠지요. 만화 원작과 함께 본다면 굳이 말하지 않아도 많은 느낌이 아이들에게 전해 올 수 있을 거라고 봅니다.

국내 만화로는 소개할 필요조차 느껴지지 않는 대형 인기 작가들과 박재동·이희재·오세영·윤필·최호철 등 시대의 아픔을 나눌 수 있는 작가들이 있고요. 홍승우·이우일·석정현·최규석·변기현·강풀·강도하·윤태호·조석 등의 젊은 작가들도 재미있고, 한국 만화의 새로운 경향으로 주목할 만합니다.

50 미야자끼 하야오와 프레데릭 백

미야자끼 하야오가 프레데릭 백에게 보낸 찬사를 보면서 두 사람이 함께 공유하고 있는 *끈끈함*이 느껴지는데요.. 이 두 거장을 함께 생각해 볼 수 있을까요?

이들의 공통점은 철저한 작가 정신과 전체 과정을 거의 혼자서 소화해내는 대단한 에너지와 열정의 소유자라는 것입니다. 프레데릭 백은 두말할 나위도 없지만, 미야자끼 역시 중년 이후 작품은 거의 1인 3역으로 진행하는 것을 볼 수 있습니다. 〈모노노케 히메〉의 경우에도 전체 레이아웃을 환갑에 가까운 애니메이터 미야자끼가 모두 혼자서 잡았다는 건 그 작품에 대한 그의 열정을 충분히 짐작하게 합니다.

또 하나, 특히 프레데릭 백과 미야자끼는 환경에 대한 관심을 처음부터 끝까지 지속시킨다는 점에서 닮아 있습니다. 프레데릭 백이 〈나무를 심은 사람〉이나 〈위대한 강〉을 통해서 환경에 대한 메시지를 던져 사회에 영향을 미쳤다면, 미야자끼도 〈바람계곡의 나우시카〉에서 시작되는 환경에 대한 강한 메시지가 〈이웃집 토토로〉, 〈모노노케 히메〉로 이어집니다.

이 작품으로 프레데릭 백은 두 번째 아카데미 상을 받았고 그의 자연사랑은 1993~4년 안시와 히로시마 애니메이션 페스티벌에서 대상을 수상한 〈위대한 강The Mighty River〉이라는 작품으로 이어집니다. 히로시마에서 그를 만나 악수를 했을 때 일흔에 가까운 그의 손이 떨리고 있었습니다. 물론 그 손을 가지고 계속 작업을 하던 중이었죠.

프레데릭 백은 애니메이션이 단지 영상의 유희보다는 교육적인 어떤 것이기를 바랐다고 합니다. 충분히 그 결과를 나타내었듯이 사람들이 영향받고 변화될 만한 영상을 고민했던 듯합니다.

〈나무를 심은 사람〉은 바로 그런 작품의 전형이죠.

한편 미야자끼는 〈이웃집 토토로〉의 배경이 된 토코로자와시와 히가시

비교 항목	프레데릭 백	미야자끼 하야오
공통점	1인 중심 제작 시스템 확립 환경에 대한 주제 의식	
차이점	소수 인력에 의한 작업 시스템 운용	원작, 각본, 감독의 1인 체제 구축
영향력	캐나다에 나무심기 운동 붐 조성	전 세계 가장 많은 팬 층 확보, 흥행 성공

무라산의 보호를 위해 거액을 기부하기도 했다고 합니다. 강요하지 않는 부드러운 영상으로 조용히 일상의 삶에 변화를 심어주는 그는 현실 속에서 애니메이터가 할 수 있는 최선의 모습을 보여주는 전형이 아닐까 싶습니다.

두 사람은 애니메이터로서의 자세와 세상을 향해 던지는 메시지 등 고집스럽게 자신의 색깔을 개척해 오면서도 후진들의 전형이 될 만한 정점에 함께 서 있습니다.

섹스와 폭력으로 얼룩진 일본 애니메이션계에서 독보적인 자리를 지키고 있는 미야자끼 하야오는 세태의 조류 속에서도 마침내 가장 성공적으로 자신의 메시지를 중심으로 새로운 대중의 트랜드를 창출해낸 보기 드문 케이스라고 볼 수 있습니다.

프레데릭 백 역시 지독스러운 집념과 강한 메시지를 일관되게 견지하면서 이로 인해 단편 작가이면서도 불구하고 가장 영향력 있는 작가로 손꼽히게 되었고 바로 그 미야자끼로부터도 최고라는 찬사를 끌어낼 만큼 인정받을 수 있었던 거죠.

프레데릭 백과 미야자끼야말로 독립 단편과 장편 영역을 대표할 만한 양대 기둥이라고 할 수 있겠습니다.

51 만화 · 애니메이션, 어떻게 가르치고 배워야 하나

만화 · 애니메이션 학교에서는 무엇을 가르치나요. 개인 입장에서는 만화 · 애니메이션을 어떻게 배워야 하나요?

한국은 이미 초등학교 방과 후 교육이나 재량교육 등에 만화 애니메이션이 포함되어 있는 아주 특별한 나라가 되었습니다. 이런 교육들은 대개 창작자를 위한 교육이라기보다는 감상과 향유를 목적으로, 특히 창의성을 키우는 의미에서 접근하는 경우가 많습니다.

고등학교 과정에는 애니메이션 특목고 또는 정보고등학교 계열 등을 비롯해서 상당히 많은 만화 애니메이션 교육기관들이 있습니다.

대학은 약 150개 정도가 있다고 합니다만, 지금은 학과명을 바꾸거나 다소 줄어들어 120개 정도일 것으로 추산됩니다.

대학 교육의 일반적인 경향은 대개 입학시험과 교육과정, 졸업작품을 어떻게 학과 목표와 연계시키느냐 하는 것이 교육과정 설계에서 중요한 내용이라고 봅니다.

입학시험은 우수한 학생들을 선발하는 과정인데, 여기서부터 학과 목표의 명확한 연관성이 필요한 거죠. 대체로 상황 표현이라는 한 컷 일러스트레이션을 요구하는 경우와 칸 만화 제작이라는 복합적인 능력을 요구하는 경우로 나눠진다고 보여집니다. 상황 표현은 함축적으로 자신의 생각을 표현하면서 레이아웃과 색상 사용 등의 능력을 볼 수 있는 시험이라면 칸 만화는 좀 더 다각도에서 드로잉 능력, 글쓰기 능력, 칸과 칸 사이를 연출하는 능력 등을 볼 수 있는 거겠죠.

애니메이션 대학교의 교과 과정도 여러 가지 선택의 길이 있습니다. 예를 들면 애니메이션학과를 인문학 계열에 넣어서 스토리텔링이나 기획 부분을 교육할 수도 있고, 미술 계열에 넣어서 조형력과 기법, 연출을 중심으로 교육할 수도 있겠죠. 아니면 공학 쪽에서 접근해서 특히 3D 애니메이션을 중심으로 다양한 멀티미디어 아웃풋을 연계할 수 있게 하는 교육도 가능할 겁니다. 신문 방송 또는 미디어 방향에서 접근하면서 콘텐츠 경영, 마케팅, 미디어 커뮤니케이션의 연계 속에서 교육할 수도 있을 거고요.

모든 방향은 기본적인 교육의 목표 아래에서 정해져야 하고 앞서 얘기한 입시에도 관련성을 만들어줘야 하는 거겠죠. 졸업 단계에서 요구되는 결과물에 대해서도, 마찬가지로 입시-교과 과정의 범위 안에서 뽑아낼 수 있는 결과물로 초점이 맞춰져야겠죠.

애니메이션에서도 음악이나 무용에서 하는 것과 같은 영재교육이 가능한가요?

애니메이션에서도 영재교육이 가능하다고는 생각하고 있습니다. 하지만, 애니메이션은 음악, 무용과 달리 종합적이고 복합적인 예술 형태를 띠고 있습니다.

아래 그림은 애니메이션, 또는 영상 영역에서 알아야 할 것들을 순서대로 정리해 본 것입니다. 이 모든 것을 가르칠 수는 없을 테니 스펙트럼을 선택하고, 거기에 맞게 교육을 해야 하겠죠.

우선 애니메이션의 기본이 되는 요소들에 대한 교육이 필요하다고 봅니다. 텍스트라고 표현한 것은 주로 스토리를 의미하는 것이고요, 이미지는 조형 능력 전반, 사운드는 대사, 배경음악, 효과음향 등을 포함합니다. 모션은 움직임에 대한 묘사와 타이밍에 대한 부분이죠. 그리고는 어떤 영역을 다루더라도 주변 영역과의 연관성 속에서 접근할 필요가 있습니다.

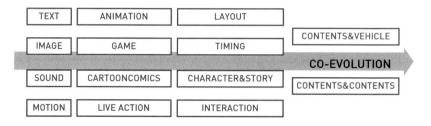

좀 더 애니메이션을 세부적인 측면에서 다루는 것은 레이아웃, 타이밍, 캐릭터와 스토리, 인터렉션 등의 영역으로 구분해서 접근할 수 있다고 봅니다. 물론 기획 – 스토리보드 – 원화 – 동화 – 선채화 등 제작 프로세스 중심으로 갈 수도 있겠죠. 그리고 결국은 콘텐츠와 미디어의 관련성, 콘텐츠와 콘텐츠 간의 관련성을 공진화를 전제로 풀어가야 한다고 봅니다.

애니메이션 영재교육이 가능한가에 대해 질문을 받은 적이 있습니다. 영재교육이라고 한다면, 바로 예술의 기본 요소들에 대해서 배우는 것일 텐데, 상당히 광범위해서 기존 영재교육 틀에서 접근하기는 어려울 수도 있습니다. 적어도 음악이나 무용의 실기 중심 영재교육과는 다른 틀일 수밖에 없겠죠.

52 만화 · 애니메이션의 경제적 가치와 전망
— 직업으로서의 만화가, 애니메이터

만화 · 애니메이션의 경제적 가치나 전망은 어떻습니까. 직업으로서의 만화가, 애니메이터는 매력이 있나요?

만화, 애니메이션, 게임, 캐릭터, 방송, 영화 등의 핵심 문화산업 영역이 핵심 제조업(기계, 조선, 반도체, 자동차 등) 영역 규모와 유사하거나 이를 넘어섰다고 합니다. 단지 산업적 의미뿐 아니라 굴뚝 없는 공장으로서의 문화산업은 이미 할리우드의 성장 과정에서 수많은 사례를 남기며 영향력을 키워가고 있습니다.

특히 컴퓨터, 인터넷, 모바일 등의 하드웨어 산업의 포화상태가 가까워진 지금, 콘텐츠 영역의 비중은 점차로 커지고 있습니다. 몇 년 전까지만 해도 콘텐츠 비즈니스 3대 영역(콘텐츠, 인터페이스, 비클)에서 가장 중요한 것은 비클이라고, 비클을 장악하면 나머지 요소는 저절로 확보할 수 있다고 하던 비클 관련 업체들이 앞다퉈 콘텐츠 업체를 인수하기도 했지요.

만화 애니메이션은 문화산업 분야에서 특별한 위상을 가지고 있습니다. 만화는 가장 활발하게 애니메이션, 게임, 영화로 전환되고 있는 핵심 소스라 할 수 있고요, 애니메이션은 윈도우 간의 전환 폭이 가장 크고, 전환 비용이 상대적으로 낮은 강점을 가지고 있습니다. 만화 애니메이션은 반도체 시장 규모와 맞먹는 캐릭터 영역의 주요 동력이 되고 있기도 합니다. 다른 한편으로 국내에서 게임이 전체 문화 콘텐츠 수출의 50% 가량을 차지하고 있다고 하는데, 여기에도 만화 애니메이션의 역량이 상당 부분 포함되어 있다고 봅니다. 실제로 애니메이션 전공을 졸업하는 학생의 1/4 가량은 게임 영역으로 진출하고 있습니다.

만화·애니메이션이 문화 콘텐츠 영역의 동력이 되고 있군요.

그렇습니다.

직업으로서의 만화가나 애니메이터에 대해서, 만화가나 애니메이터는 대단히 매력적인 일이기는 하지만, 사실 자신이 여기에 특별한 관심과 노력을 쏟을 만한 근원적 애정이 없거나, 스토리텔링, 레이아웃, 캐릭터, 배경, 연출, 합성 이펙트 등의 특별한 영역에도 자질이 현저하게 부족한 경우 상당히 고통스러운 일이 될 수 있다고 봅니다.

대부분의 엔터테인먼트 영역이 그렇듯이 연예계처럼 소수만이 살아남는 구조도 있고요. 물론 이런 측면에서는 게임보다는 좀 더 다양한 기회가 있기는 합니다.

창작이라는 게 모두 그렇겠지만, 만화나 애니메이션은 절대적인 노동량에서 다른 영역에 비해 강도가 셉니다. 벌이로 따진다면 그런 정도의 노동 강도에 비해 수입은 그다지 높은 편이 아니라고 볼 수 있죠. 정확히 말하면 일본의 지브리나 몇몇 회사를 제외하고는 현실적으로 평균 이하의 수입이라고 봐야 할 것입니다.

그럼에도 불구하고 한국 만화나 애니메이션이 가능성이 있다고 보여지는 것은 우리 젊은 재능들이 이런 악조건에도 불구하고 성공 사례들을 만들어내고 있고 계속 그를 위해서 부단히 노력해 가고 있다는 겁니다. 만화 애니메이션도 연예 비즈니스적인 측면이 있어서 어쩌다가 노동 강도와 관련 없이 아이디어나 감성으로 스타의 반열에 오르는 경우도 있을 수 있습니다.

그렇지만, 머리를 쥐어뜯는 발상의 과정과 여간해서 익숙해지지 않는 표현과 제작의 상황이 되풀이되는 것이 일반적인 만화 애니메이션 창작이라고 보면, 전망보다는 자신의 관심과 애정, 자질에 좀 더 비중을 두고 판단하는 것이 좋을 듯합니다.

취업은 잘 되나요?

만화는 취업이라는 개념이 그다지 적절치 않고요. 대부분 작가 활동을 하게 됩니다. 물론, 만화 잡지사나 기획 영역에서 일하는 경우도 있지요.

요즘엔 국내뿐만 아니라 세계적으로 취업에 대한 어려움이 커지고 있는데, 희망적인 부분도 있습니다. 앞서 말씀드린 대로, 졸업생뿐 아니라 애니메이션을 전공하는 학생들이 이미 재학시절부터 현장 활동에 주도적으로 참여하는 경우도 많습니다.

주목할 만한 상황은 한예종 애니메이션과의 경우, 교과 과정을 통해서는 독립 애니메이션 기반의 작품을 주로 제작하는데 반해 졸업 이후 활동은 오히려 산업 영역에서 더 활발하다는 생각이 듭니다. 최근에 모 국내 케이블 TV에서 투자-제작한 대부분의 작품에, 한예종 출신들이 중심 역할을 하고 있다고 들었습니다. 물론 다른 애니메이션 학교들에서도 학교기업 형태로 학생들이 현장 경험을 할 수 있는 기회를 확장하고 있습니다.

2000년 무렵에, 한국문화콘텐츠진흥원이 생길 무렵에, 교육 영역의 벤치마킹 대상으로 일본의 기업이 화제가 된 적이 있습니다. 일본 도에이 동화였던 것으로 기억하는데, 기업 내에 학교를 만들어서 일년에 약 200명 가량을 선발해 교육을 시킨다는 겁니다.

그런데, 몇 년 후에 도에이가 더 이상 그런 형태의 교육을 진행하기 어려워 공교육 형태로 전환하려 한다는 얘기를 들었습니다. 역으로 한예종 애니메이션과에 와서 벤치마킹을 하기도 했고요. 대학이 현장에 취업시키는 인력을 공급하기 위한 목적으로 교과 과정을 구성하는 것은 한계에 부딪칠 가능성이 높습니다. 현장이 튼튼하지 않은 경우에는 더 그렇겠지요.

오히려 대학의 존재 이유는 현장에 자극을 주면서 서로 발전해 가는 것이라고 봅니다. 이것이 오히려 취업 현황 개선에도 도움을 줄 수 있으리라고 생각합니다.

53 만화 · 애니메이션의 위상에 대한 생각

만화 · 애니메이션의 위상에 대한 아쉬움을 서두에 말씀하셨는데, 앞으로 이 위상이 어떻게 되리라고 보시나요?

당연한 것에 진지하게 질문을 던지는 것이 철학이라면, 당연한 것에 진지하거나 거칠거나 우스꽝스럽게 질문, 역설, 때로는 조롱을 들이대는 것이 만화라고 말씀드렸지요.

논리를 들이대서 모으고 정리하고 구분 짓는 것이 철학이라면, 상상의 빛을 들이대서 들쑤시고, 헤집고, 파고, 흐트러뜨리는 게 만화고 애니메이션입니다.

가설을 세우고, 실험을 통해서 증명하고 결론을 얻는 게 과학이라면, 가설을 의심하고, 뒤집어 보고, 다른 가설과 섞어 보면서 가설에 다양성을 확보하는 게 만화고 애니메이션입니다.

제대로 바라보지 못한 것, 그냥 지나쳤던 것에서 커다란 변혁이 시작되는 경우가 있습니다. 히틀러가 그랬고, 토요토미 히데요시가 그랬죠. 별 볼일 없던 히틀러나 원숭이라 놀림 받던 토요토미가 어마어마한 역사적 문제아로 남을 줄이야. 설마, 설마하면서 사람들은 뜻밖의 에너지가 이끄는 거대한 변화의 소용돌이로 빠져 들어갑니다.

사람에게나 사물에게나 모두에게 그 존재를 유지하는데 필요한 최소한의 에너지가 주어져 있다고 생각합니다. 노자의 무용지용처럼 가끔은 그 에너지가 방출되지 못하고 축적되어 있는 곳이 있습니다. 그 뭉친 에너지가 터져서 결국 변혁의 출발점이 되는 것은 아닐까 합니다.

『음부경』을 보면 음과 양에 대해서 대조적인 표현을 사용하고 있습니다. '음양상승', '음양상추'가 그것인데, 음양상승은 대립적인 음과 양이 서로를 이기려고 애쓰는 모습을, 음양상추는 서로 밀어주는 모습을 각각 표현한 것입니다. 음과 양은 서로를 극하면서 동시에 서로 밀어준다는 것이죠.

흐린 눈으로 보면 세상은 뛰어난 것과 모자란 것, 성공한 것과 실패한 것으로 구분되겠지만 어쩌다 눈이 맑아진 날, 세상은 눈에 드러나 보이는 것과 감춰져 보이지 않는 것으로 나눠져 있다는 것을 느끼게 되는 것과 같습니다. 이 역시 원래 그런 구분이 있어서가 아니고, 인간이라는 한계, 인간의 감각기관이라는 제한 상황에서 생겨난 착각이겠지만.

만화나 애니메이션만큼, 극단적인 대접을 받고 있는 것들이 또 있을까 싶습니다. 많은 사람들이 어린 시절 동고동락하던 만화, 애니메이션이라는 친구는 통과의례처럼, 성장통처럼, 약속이나 한 듯이 어느 시점부터 배반 당하고, 존재 자체를 부정당하기 시작합니다.

우스꽝스럽고 과장된 표현 때문인지, 아니면 너무 쉽게 이해되어서 괜히 불쾌하기 때문인지, 다루는 내용이나 조형부터가 현실과 다르다는 인식 때문인지, 만화–애니메이션은 소설–영화로 이행해가는 유아기적 미성숙의 산물로 취급 받습니다.

만화나 애니메이션은 〈토이스토리 3〉에 나오는 장난감들과 비슷한 신세죠. 언젠가 버림받을 줄 알고 있었고, 버림받으면서도 주인을 이해하며 놓아주는 장난감들의 심정은, 언젠가는 틀림없이 자식을 떠나보내고, 놓아줘야 하는 부모의 마음이기도 합니다.

대중에게 책임을 묻는 것은 아닙니다. 오히려 먼저, 만화는 '무조건 재미있어야' 한다는 편리한 발상의 해피한 창작자에게도 '재미' 란 게 과연 무엇인지부터 물어야 할 것입니다. 만화나 애니메이션에 대해서 너무 친숙하고 더 이상 궁금할 게 없다고 생각하는 건 자만일 가능성이 높습니다.

그렇다고 해서 만화나 애니메이션에 대해 정확히 규정하고 제대로 된 대접은 받아보자는 의도도 그다지 적절하다고 보이지 않습니다. 만화 애니메이션에 대해 규정해 보려는 노력을 해 보지 않은 것은 아니지만, 아직 결론은 '그저 규정되지 않은 채로 놓아두는 것'이 가장 좋겠다는 겁니다. '규정되지 않은 예술, 만화' 라는 말은 한편으로 규정할 수 없는 만화의 좌충우돌 스펙트럼을 품는 말 같아서 맘에 드는 거죠.

'도가 무엇인가.' 라고 묻는 것은 '도 아닌 것이 무엇인가' 라고 되묻고 싶은 욕구를 불러일으킵니다. 일상의 우리 삶은 너무 경쟁적이고 획일적이어서 혹시 정답이라는 것이 존재하지 않을 수도 있다는 것에 대해서 불안감을 느끼게 될지 모릅니다. 그러나 생각해 보면 과연 우리의 중고시절 시험 답안을 벗어나서 삶의 그 어디에, 어느 순간에, 정답이란 게 있던가 싶습니다. 오히려 벽에 부딪쳤을 때 일찌감치 내버려진 오답더미를 뒤적여보는 건 어떨까요.

질펀한 그림, 만화에서부터, 그리고 죽은 것도 살아나게 한다는 애니메이션에서부터 감춰진 것을 들춰내고, 만화 애니메이션을 통해서 세상을 보는 재미에 빠져보는 것도 나쁘지 않다는 생각입니다.

요즘 시대를 신르네상스 시대, 융복합의 시대, 유비쿼터스 시대 그 어떤 식으로 부르든 관계없이 전 시대와 구분되는 하나의 특성은 사회 · 문화 · 철학 · 과학 · 예술 전반이 같은 화두를 놓고 고민하고 있는 상황이라고 보여진다는 것입니다. 시대에 던져진 굵은 화두 하나는 '대립 극단의 통합' 입니다.

만화 애니메이션이 이 시대의 화두에 어떻게 답할 수 있는가가 앞으로의 만화 애니메이션의 위상과 관련이 있겠지요.

54 다시 만화 · 애니메이션, 무엇인가

끝으로, 다시 만화 · 애니메이션, 무엇인가요?

1.

만화 애니메이션은 균형입니다.

언제부터인가, 세상이 모두 비슷한 고민에 빠져 있습니다. 정치적으로 좌와 우, 경제적으로 빈과 부, 가정에서는 남과 여, 종교에서는 성과 속, 자와 타, 사회에서는 전체와 개체, 신과 구, 윤리에서는 선과 악, 예술에서는 미와 추, 철학에서는 진과 위, 과학에선 시간과 공간, 주체와 대상이 서로 부딪히고 또 넘나들고 있습니다.

동아시아인의 지혜로, 우리는 이것을 음과 양이라 부릅니다. 그리고 태극 혹은 무극이라고 해서, 그것이 둘이 아니라는 것도 배웠습니다. 음과 양이 서로 상생하고 상극하며 생명을 만들고 유지하며 변화해 간다고 들었습니다. 지금은, 이 대립 극단이 서로 벽을 허물고 만나고 있습니다. 새로운 균형인 셈이죠.

같은 영역 내에서만 벌어지는 게 아니고, 서로 다르다고 생각되던 영역들 사이에서, 예술-철학-종교-과학-문화-사회-기술들 간에도 조화와 균형이 시작되었습니다.

서로 대립하고 견제하면서 다른 한편으로 협력하는 것을 상생상극이라고 합니다. 상생은 좋은 것이고 상극은 나쁘다는 것이 아닙니다. 둘 모두 대립 극단이 조화를 만들어가는데 반드시 필요한 조건이라는 것입니다. 오히려 상극이 없으면 생명이 태어나지 못한다고도 합니다. 주나라의 역서, 즉 우주와 인생의 변화에 대해 기록한 책 『주역』의 핵심은 '궁즉변 변즉통 통즉구' 라고 합니다. 극하면 변하고, 변하면 통하고, 통하면 오래간다는 뜻이지요.

만화나 애니메이션 역시 제작 공정에서부터 내용, 형식, 기법, 재료의 모든 면에서 대립 극단을 가지고 있습니다. 그리고 이 대립 극단의 균형과 조화가 좋은 작품을 만드는 중요한 열쇠가 된다는 생각이 듭니다. 이 대립 극단의 균형을 통해서 만화 애니메이션의 주변 동료들-영화, 게임, 방송 등-뿐 아니라 예술마을 친구들-음악, 미술, 연극, 무용, 문학 등-과 만나고, 다른 동네 이웃들- 과학, 철학, 종교 등-과도 통합니다.

그래서, 만화 애니메이션은 균형이라고 풀어 봅니다.

2.

그러나, 만화 애니메이션은 불균형입니다.

오늘에도, 만화 애니메이션은 여전히 애매하고 어정쩡하게 서 있습니다.

한쪽에서는 산업의 역군이라 치켜세우고 다른 한쪽에서는 청소년 탈선의 주범이라고 몰아붙여 화형식도 마지않습니다. 누구나 어린 시절 잠시나마 열광했던 기억이 있을 테지만, 결국은 극복하고 넘어서야 할 유치함으로 취급받습니다.

일찍이 만화 형식에 대한 괴테의 극찬과 '제9의 예술' 이라는 평가가 무색하게, 여전히 우리 나라에서 만화 애니메이션은 유치하고 저급한 문화라는 생각이 일반적인 듯하고요.

디지털 영화를 '가끔 실사도 재료로 사용하는 애니메이션의 일종' 정도로 보는 레프 마노비치의 관점이 아니더라도 애니메이션의 넓은 품은 수많은 작품들을 통해 쉽게 드러납니다.

그러나 다양한 애니메이션을 접할 기회가 차단된 일반인들뿐 아니라 오히려 애니메이션에 종사하는 사람들에게조차도 애니메이션은 그저 'TV나 극장에서 보는 것' 으로 제한되어 있습니다. 어쩌면 만화 애니메이션을 업으로 삼은 사람들에게서 이런 경계적 관점은 더 두드러지고 더 강력하게 표출됩니다.

상황이 이렇다 보니 만화 애니메이션은 애들이나 좋아할 만한, 그래서 무조건 웃겨야 하는, 그래서 자주 유치하고 저급한 어떤 것이 되어 버린 것 아닐까요.

가끔은, TV와 극장을 벗어나야 제대로 된 애니메이션과 만날 수 있다는 생각이 듭니다.

중국에서 법을 공부하고 있는 한국 유학생에게 왜 그 많은 전공 중에 지루하고 딱딱한 법이냐고 물었더니, 한 사회를 이해하는데 법만큼 빠른 길이 없다고 합니다. 한국과 중국, 두 나라의 헌법을 비교해 보면, 1조, 시작부터가 한국과 중국은 다른 나라일 수밖에 없고 그래서 사람들도 달리 살 수밖에 없다는 것입니다.

그렇다. 그렇게 생각해 보니 법이라는 게 재미있겠구나. 세상을 보는 눈을 트이게 해주는 것이기도 하겠구나. '편견을 깨는 일'은 상당히 노력해야 되는 일이라는 생각이 들었습니다.

꼭 만화 애니메이션이 아니더라도, 우리들 가까이 있는 어느 입구를 타고 들어가도 거대한 구조와 변화를 만나게 되는 게 요즘 세상인 듯합니다. 만화 애니메이션을 편견 없이 들여다보고 있으면, 이 시대의 예술, 과학, 철학, 종교의 고민들 그리고 미래까지 만날 수 있을 것이라고 생각합니다. 만화 애니메이션의 내용, 형식, 기법, 재료 가능한 여러 측면에서 출발하고, 예술, 과학, 철학, 종교 같은 다른 영역으로 통한 길들까지 헤집어보고 싶은 생각이었습니다.

어쩌다 우리에게 있는 편견이 보였다면, 좋은 일입니다.

3.

만화와 애니메이션을 보는 다른 관점이 필요합니다.

만화, 애니메이션을 '아이들이 보는 웃기고 유치한 어떤 것'이라고 생각하고 있다면 만화 애니메이션의 감춰진 땅으로 들어가는 좁은 길들을 소개드리고 싶습니다.

만화는 보이지 않는 것을 드러낸다.

글과 그림의 만남은 단순한 합 이상이다. 글이 글의 무게를 내려놓고, 그림이 그림의 압박을 벗어날 수 있다면, 만남은 더 재미있게 된다. 글로 그림을 제한하고 그림이 글을 거스르면, 보이지 않던 것이 드러난다. 만화에서는 감추어진 것이 드러나고 불필요하게 드러나 있는 것들은 감춰버린다.

애니메이션은 준비된 관객 앞에 선 배우다.

애니메이션을 보려는 관객은 이미 모든 준비를 마쳤다. 이제 어떤 기괴하고 허를 찌르는 상상이 현실이 되든, 그것을 즐길 수 있다. 물리법칙과 논리규칙은 더 이상 중요하지 않다. 오히려 물리와 논리가 무너지는 곳에서 카타르시스는 더 커진다.

만화는 닫힌 공간에서 벌어지는 열린 상상이다

만화는 프레임, 칸의 예술이다. 만화 속의 영웅들, 친구들, 악당들은 칸과 칸을 넘나들며 살아간다. 그러나 정작 더 많은 일들이 일어나고 더 많은 시간이 흐르는 곳은 칸과 칸이 아니고 칸과 칸 사이에 있는 작은 공간이다. 칸과 칸 사이에 더 많은 이야기가 흐를수록, 독자는 더 많은 상상 속에 내던져진다.

만화 애니메이션은 영원한 아이의 왕성한 호기심이다.

호기심 많은 아이처럼 만화와 애니메이션은 나이를 먹지 않는다. 끝없이 새로움을 탐닉하고 익숙한 것에도 낯선 시각을 들이댄다. 좌충우돌 만화 애니메이션이 쑤셔놓은 구멍들을, 철학과 예술과 과학은 키우고 또 메운다. 만화 애니메이션은 지칠 줄 모르는 아이다.

만화 애니메이션은 비논리의 유혹이다.

아무리 많은 이론을 갖다 붙여도, 세상을 사는 일은 간단해지지 않는다. 자연과 삶은 우연과 비논리를 통해 뜻밖의 즐거움을 선사한다. 논리는 출발일 뿐 목표가 아니다. 논리는 합리적이고 편리하지만 비논리는 강렬한 유혹이다. 만화 애니메이션의 비논리는 선사들의 문답이나 하이쿠[47]의 함축처럼 강렬하다.

만화는 공간 위에 시간이 흐르게 하고 애니메이션은 시간 위에 공간이 펼쳐지게 한다.

언어는 또 다른 그림이고[48] 그림은 공간에 펼쳐진 언어다. 만화는 공간 위에 선형적인 글과 비선형적인 그림을 섞어 시간을 보여주고, 애니메이션은 시간 위에 비선형적인 그림과 선형적인 소리와 움직임을 배치한다.

애니메이션은 익숙한 미래다.

애니메이션은 익숙한 방식으로 미래를 보여준다. 확장된 애니메이션의 형태인 Web 3D 애니메이션, 실시간 애니메이션은 전시, 공연 영역으로 애니메이션 영역을 넓힌다. 애니메이션은 단지 애니메이션이 아니고 복합 체험의 장이 된다.

만화는 우리 모두의 나다.

만화는 단순화된 캐릭터를 통해 나를 발견하게 한다. 만화 캐릭터의 단순성은 더 많은 사람들이 이입할 수 있는 기회를 만들어주고 이입이 커질수록 흡인력도, 전달력도 커진다.

만화와 애니메이션은 제한 없는 제한, 자유 아닌 자유다.

만화와 애니메이션은, 보다 많은 소재나 이야기를 수용할 수 있어서 비교적 자유롭지만, 복잡한 제작 공정은 큰 제한 요건이 된다. 그러나 이러한 제한은 오히려 애니메이션이 다양한 시도를 하게 되는 원천이 된다. 제한을 즐길 수만 있다면 제한은 오히려 생명의 근원이다.

 '균형'이라고 하면 안정적으로 중심에 자리 잡힌 이미지를 떠올리게 됩니다. 사실 만화 애니메이션이 균형이라 할 때의 그것은 안정되고 편안한 어떤 것과는 전혀 관련이 없는 것입니다. 오히려 그것은 가장 치열한 움직임 속에서의 역동적 균형입니다.

사는 게 그렇듯이 단 한순간도 우리는 정지를 체험할 수 없습니다. 그저 이미지로 그릴 뿐이죠. 삶이 그렇듯이, 만화 애니메이션도 '넓은 스펙트럼 사이를 헤엄치는 역동적 균형'의 예술이라고 봅니다.

아직 완전히 드러나지 않아 감춰진 게 더 많은, 그래서 더 매력적인 만화와 애니메이션의 세계로 여러분을 초대합니다.

[주]

47) 일본 시문학의 하나. 한 줄의 글에 자연과 인생을 압축합니다. 바쇼의 '고요한 연못 개구리 뛰어들어 물소리 퐁당'이라는 작품은 많이 알려져 있죠.

48) 강신주, 『철학 vs 철학』, 그린비, 2010. 비트겐슈타인의 말 재인용.

애니메이션은 이미지와 텍스트, 사운드와 모션을 재료로 실사와 비실사, 리얼리티와 판타지를 넘나들고, 전시-출판-공연-상영을 아우르는 종합예술입니다. 좀 더 비약하자면, 예술과 기술 영역에 걸쳐 있고, 과학, 철학, 종교에 영감을 불어넣기도 하고요. 이런 애니메이션을 특성을 감안해서, 추천도서 목록을 만들었습니다.

월든

헨리 데이빗 소로우 지음 | 강승영 옮김

일상의 무소유. 개인적으로도 사회적으로도 깨어 있는 삶의 전형. 실천만이 유일한 증명임을 보여주는 소로우의 용기

생각의 탄생

로버트 루트번스타인, 미셸 루트번스타인 지음 | 박종성 옮김

창의적으로, 재미있게 살아간 사람들과의 드라마틱한 만남. 어떻게 창조적으로 살아갈 수 있는가. 과학, 철학, 예술의 세계를 넘나드는 수많은 천재들의 13가지 비결

선과 모터사이클 관리술

로버트 M. 피어시그 지음 | 장경렬 옮김

동양의 도와 서양의 퀄리티, 아트와 테크놀러지에 대한 특별한 야외강연. 잃어버린 자기 자신을 찾아가면서 밝혀낸 동서양의 만남, 예술과 기술의 만남, 그리고 아버지와 아들의 만남

의식의 스펙트럼

켄 윌버 지음 | 박정숙 옮김

동서양의 광대한 마음과 심리학적 논의를 하나의 스펙트럼으로 묶는 특별한 시도. 지금은 덴버에서 구루처럼 살아가고 있다는 윌버의 20대 초반 열정이 느껴지는 책

철학vs철학

강신주 지음

동서양 철학을 가장 빠르고 재미있게 경험하기. 라이벌 철학자들을 비교하면서 일반적으로 나열식이었던 철학사의 얼개를 재미있게 풀어간다. 각각의 철학자뿐 아니라 동서양 철학의 비교 관점을 형성하는데도 유용한 책

소유의 종말

제레미 리프킨 지음 | 이희재 옮김

시장이 네트워크로 소유가 접속으로 이동하는 환경 이해하기. 콘텐츠를 만드는 일이 문화를 창조하는 일이라는 것을 일깨워준 책

마지막 강의, 랜디포시

제프리 제슬로 | 심은우 옮김

카네기멜론 엔터테인먼트 테크놀러지 센터를 설립하고 주도했던 랜디포시의 이야기. 마지막 길 떠나는 이가 보여준 삶에 대한 진솔한 고백과 가슴 뭉클한 아이들에 대한 작별 메시지

만화의 이해

스콧 맥클루드 지음 | 김낙호 옮김

주로 형식적 측면에서, 만화가 가진 특별함을 드러내고 만화의 가능성을 열어준 만화. 아직도 더 기다려야 할 만화의 미래 모습에 다시 설레게 하는 책

만화의 창작

스콧 맥클루드 지음 | 김낙호 옮김

〈만화의 이해〉를 기반으로, 창작을 위한 발상과 연출, 기법과 재료를 묶어놓은 만화

이미지의 제국

김준양 지음

일본의 역사, 문화, 특히 애니메이션에 대한 전반적이면서 구체적인 지식 외에도 저자의 본인에 대한 엄격함이 묻어있는 꼿꼿한 책

미녀와 야수, 그리고 인간

김용석 지음

디즈니의 재기작 〈미녀와 야수〉 〈알라딘〉 〈라이온 킹〉을 통해서 철학하기

애니메이션 제작

샤무스 컬헤인 지음 | 송경희 옮김

셀 애니메이션 제작 과정이지만 디지털 환경인 지금 보아도 도움이 되는 애니메이션 제작에 대한 실무적이고 구체적인 노하우들

세계만화탐사

성완경

국내에 유럽 만화를 제대로 소개한 선구자인 저자와 함께 유럽 만화의 속살을 들여다보는 재미. 유럽이 만화에 대해서 생각하는 각별한 애정에 놀라게 되고, 여전히 남은 가능성들을 생각하게 하는 책

프로페셔널 애니메이터의 노하우 13

이정호 외 공저

현역 애니메이션 전문가들로 구성된 필자들의 '한국적' 애니메이션 만들기의 현주소

창의성의 즐거움

미하이 칙센트미하이 지음 | 노혜숙 옮김

창의성이 무엇인지, 창의성은 어디에서 오는지에서부터 창의적 업적을 남긴 사람들의 인터뷰

애니메이션과의 대화
상생상극, 그 역동적 균형의 기적

2011년 2월 28일 1판 1쇄 인쇄
2011년 3월 5일 1판 1쇄 발행

저자 이정민
펴낸이 김인현
펴낸곳 종이거울
영업국장 법월 김희중
디자인 필디자인
인쇄 금강인쇄(주)
등록 2002년 9월 23일(제19-61호)
주소 경기도 안성시 죽산면 용설리 1178-1
전화 031-676-8700
서울사무소 서울시 송파구 잠실동 312-23 201호
전화 02-419-8704
팩스 02-336-8701
E-mail dopiansa@hanmail.net
홈페이지 www.dopiansa.com

ⓒ 2011, 이정민

ISBN 978-89-90562-34-0 03680